El Cronómetro
Manual de preparación del DELE
Nivel B1

Alejandro Bech Tormo
María José Pareja López
Pedro Calderón Torró
Francisco Javier López Tapia

> **¡Atención!** Los exámenes para obtener el DELE, como cualquier examen, sufren cambios. El *Instituto Cervantes* los actualiza y corrige frecuentemente. Sus contenidos vienen definidos en función de dos documentos: el *Marco común europeo de referencia para las lenguas* y el *Plan curricular del Instituto Cervantes*. El modelo de examen de **nivel B1** ha vivido recientemente una profunda modificación. Este manual sirve para preparar el **nuevo formato de examen**.
>
> **El Cronómetro B1** EDICIÓN **NUEVO DELE**, a través de la página web de la editorial Edinumen, te permite estar al día de las actualizaciones y correcciones que introduzca el *Instituto Cervantes* en los modelos de examen. En la **ELEteca** puedes encontrar información al respecto y materiales para completar tu preparación para el examen.

© Editorial Edinumen, 2013
© Autores de este manual:
Alejandro Bech Tormo, María José Pareja López, Pedro Calderón Torró, Francisco Javier López Tapia. Coordinador: Iñaki Tarrés Chamorro

Primera impresión 2013
Segunda impresión 2014
Tercera impresión 2015

ISBN: 978-84-9848-547-9
Depósito Legal: M-25406-2015
Impreso en España

Edición:
David Isa

Maquetación:
Ana María Gil

Fotografía:
Archivo Edinumen

Agradecimientos:
Ana Isabel Blanco Picado, I.C. de Rabat

Impresión:
Gráficas Viro. Madrid

Editorial Edinumen
José Celestino Mutis, 4. 28028 - Madrid
Teléfono: 91 308 51 42
Fax: 91 319 93 09
e-mail: edinumen@edinumen.es
www.edinumen.es

ELEteca un espacio en constante actualización
Con EXTENSIÓN DIGITAL

Extensión digital de *El Cronómetro, nivel B1*: consulta nuestra **ELEteca**, en la que puedes encontrar, con descarga gratuita, materiales que complementan este método.

La Extensión digital para el **alumno** contiene los siguientes materiales:
- Modelo de examen n.º 5 NOVEDAD
- Transcripciones de las audiciones.
- Fotografías en color de la prueba oral.
- Apéndice 3

Recursos del alumno:
Código de acceso
98485479
www.edinumen.es/eleteca

La Extensión digital para el **profesor** contiene los siguientes materiales:
☐ Modelo de examen n.º 5 NOVEDAD
☐ Transcripciones de las audiciones con la respuesta correcta marcada en cada caso.
☐ Fotografías en color de la prueba oral.

Recursos del profesor:
Código de acceso
Rellena el formulario de solicitud de acceso a los recursos del profesor en
www.edinumen.es/eleteca/solicitudes

En el futuro, podrás encontrar nuevas actividades. **Visita la ELEteca**

Reservados todos los derechos. No está permitida la reproducción parcial o total de este libro, ni su tratamiento informático, ni transmitir de ninguna forma parte alguna de esta publicación por cualquier medio mecánico, electrónico o por fotocopia, grabación, etc., sin el permiso previo y por escrito de los titulares del *copyright*.

Introducción para candidatos y profesores

1. Este libro está dedicado a la preparación del examen para obtener el *Diploma de Español como Lengua Extranjera (Nivel B1)*, el título que da el Instituto Cervantes en nombre del Ministerio de Educación de España, y que certifica tu nivel de español.

2. El examen de **nivel B1** ha cambiado profundamente hace poco. Este manual está especialmente diseñado para su preparación. Puede haber diferencias entre los exámenes de este manual y el examen de las próximas convocatorias. Las diferencias estarían motivadas por modificaciones que el *Instituto Cervantes* pueda introducir en los exámenes futuros. Aconsejamos consultar la página web del *Instituto Cervantes* y la de **Edinumen** para conocer esas diferencias.

3. Los **modelos de examen** que aparecen en el manual se diseñan respetando escrupulosamente las características establecidas por el Instituto Cervantes: contenidos, tipos de textos, tipo de tareas y ámbitos, de manera que el candidato se vaya acostumbrando al examen. El aspecto gráfico también intenta ser parecido al del examen.

4. El objetivo del examen es **demostrar** que se posee un nivel determinado de español. El manual prepara al candidato justamente para demostrar que tiene ese nivel, y se centra tanto en las **dificultades** que plantea el examen en sus distintas pruebas y tareas, como en el desarrollo de **habilidades** para superar dichas tareas.

5. Para ese fin, el manual de centra en cuatro puntos básicos: **información** del examen, dosificada a todo lo largo del manual; **práctica con modelos** de examen diseñados para el manual; **desarrollo de habilidades** a través de **actividades** centradas en aspectos concretos; y **comentarios y consejos** fundamentados en el análisis del examen y en la experiencia como examinadores y como profesores de español de los autores.

6. El manual plantea la preparación como una actividad individual, y ofrece las herramientas necesarias para que el candidato pueda prepararse de manera **autónoma**, destacando dos: las que permiten desarrollar el **control del tiempo**, y una **herramienta de seguimiento** del proceso de preparación, que permite al candidato saber siempre en qué punto de la preparación está.

7. El manual se presta igualmente a su uso en **cursos** de preparación.

8. El manual se completa con unos **apéndices** que incluyen **actividades** para desarrollar habilidades de examen y más información. Además, el banco de recursos *ELEteca* de la editorial **Edinumen** ofrece de manera gratuita recursos que complementan los del propio manual en su versión en papel. En especial está disponible un **quinto modelo de examen**.

9. Los autores de la colección son **profesores de español**, muchos en centros del Instituto Cervantes, e intervienen habitualmente en los exámenes como **examinadores** acreditados.

10. Un último consejo. El examen tiene unos **límites de tiempo**. Es muy importante saber el tiempo que cada candidato necesita para hacer cada parte del examen. Habituarte a controlar este factor es importantísimo. **El Cronómetro** te ayuda a hacerlo. Antes de empezar tu preparación, busca **un reloj o mejor un cronómetro**, lo necesitas en todas las tareas que llevan este icono:

● ● ● ● ● 🕐 **Pon el reloj.**

Índice

Introducción para candidatos y profesores 3

Las pruebas del examen 5

Consejos para aprovechar este manual 6

Modelo de examen n.º 1 7

Modelo de examen n.º 2 33

Modelo de examen n.º 3 59

Modelo de examen n.º 4 85

Modelo de examen n.º 5 .... Disponible en la *ELEteca*

Resumen de la preparación. El día del examen 112

Apéndice 1. Actividades para desarrollar habilidades 117

Apéndice 2. Contenidos gramaticales del Nivel B1 167

Hojas de respuestas para fotocopiar 174

Las pruebas del examen

> ¡**Atención!** Los horarios son solo orientativos.

PRUEBA 1 — COMPRENSIÓN DE LECTURA
70 min. (9:00-10:10) — 30 preguntas

Tarea 1	Tarea 2	Tarea 3	Tarea 4	Tarea 5
Anuncios, mensajes, avisos. Relacionar textos y declaraciones de personas.	Texto informativo. 6 preguntas de opción múltiple a) b) c).	3 Textos narrativos. 6 preguntas de opción múltiple a) b) c).	Texto narrativo. Completar 6 fragmentos que faltan.	Carta o mensaje electrónico. Completar 6 huecos de gramática.

PRUEBA 2 — COMPRENSIÓN AUDITIVA
40 min. (10:10-10:50) — 30 preguntas

Tarea 1	Tarea 2	Tarea 3	Tarea 4	Tarea 5
Mensajes, avisos o anuncios. 6 preguntas de opción múltiple a) b) c).	Monólogo largo. 6 preguntas de opción múltiple a) b) c).	Noticias. 6 preguntas de opción múltiple a) b) c).	Monólogos cortos. Relacionar cada uno con un enunciado.	Conversación. Identificar quién dice una serie de enunciados.

PAUSA DE 30 MINUTOS (10:50-11:20)

PRUEBA 3 — EXPRESIÓN E INTERACCIÓN ESCRITAS
60 min. (11:20-12:20)

Tarea 1	Tarea 2
Un texto informativo a partir de otro texto breve.	Redacción, entrada de blog, diario, foro. Dos opciones.

A OTRA HORA U OTRO DÍA

PRUEBA 4 — EXPRESIÓN E INTERACCIÓN ORALES
15 min.*

Tarea 1	Tarea 2	Tarea 3	Tarea 4
Presentación de un tema preparado antes.	Conversación sobre el tema de la tarea 1.	Descripción de una imagen y conversación sobre la imagen.	Situación simulada entre el entrevistador y el candidato.

* Más 15 minutos previos de preparación.

Puntuación de las pruebas y cálculo de la nota

PRUEBA	📖	✏️	💿	💬
PUNTUACIÓN MÁXIMA	25 puntos	25 puntos	25 puntos	25 puntos
MÍNIMO NECESARIO	30 puntos (60%)		30 puntos (60%)	

> ¡**Atención!** Es necesario conseguir las dos notas mínimas para conseguir el **apto**.

El examen tiene **dos citas**: una para las pruebas 1, 2 y 3, y otra cita para la prueba 4. Normalmente recibes una carta que te manda tu centro de examen con el día y la hora de las pruebas. El día del examen recibes un **cuadernillo** con los textos y las preguntas, y unas **Hojas de respuestas**, semejantes a las que puedes encontrar al final de este manual. Para la prueba 4 no hay cuadernillo, sino unas hojas con los textos de la tarea 1 de la prueba. Esa prueba tiene una preparación previa. La realizas normalmente en una sala diferente a la de la entrevista. Todos los materiales son propiedad del Instituto Cervantes.

Puedes encontrar más información en: http://www.diplomas.cervantes.es
ELEteca http://www.edinumen-eleteca.es/

Consejos para aprovechar este manual

Este manual te sirve para preparar el examen DELE, nivel B1, por tu cuenta, aunque la ayuda de un profesor y de otros candidatos puede hacer la preparación más cómoda y entretenida.

■ **La idea principal**. Tienes nivel B1 de español, lo tienes que **demostrar**. Para hacerlo, el Instituto Cervantes te propone una serie de tareas. Conocerlas, y conocer las habilidades que necesitas para realizarlas con una nota suficiente, es lo que garantiza el éxito. Este manual te ayuda justamente a eso: a prepararte para demostrar lo que sabes.

Vas a encontrar **5 modelos de examen**, cuatro en este libro y otro disponible en la *ELEteca*. No dejes de leer los textos breves que hay al principio de cada modelo: te explican cuál es el punto principal que se va a trabajar en él. Sigue siempre todas las INSTRUCCIONES.

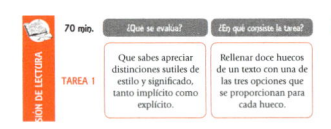

■ **La información**. Todas las pruebas de todos los modelos tienen una **tarea previa** con información que ofrece el Instituto Cervantes o información obtenida del análisis de los exámenes reales. Haz todas esas tareas. En ellas vas a encontrar preguntas como esta: «Anota aquí tu comentario». No tienes que escribir en español ni tienes que hacerlo en el libro, lo puedes hacer en tu idioma y en un cuaderno aparte. Lo importante es anotar tus ideas, intuiciones y percepciones.

■ **El Cronómetro**. El nombre de este manual tiene que ver con un aspecto muy importante del examen: el control del tiempo. No dejes pasar esta pregunta: ● ● ● ● ● ¿Cuánto tiempo has necesitado para esta tarea?

■ **Actividades**. Al final del manual tienes una serie de actividades. Se centran en habilidades de examen muy útiles. En cada una tienes una referencia a la tarea del examen correspondiente. Tarea 2.

■ **Las claves de los modelos de examen y de las actividades**. No solo sirven para conocer las respuestas correctas. También tienen **comentarios** sobre los resultados, además de información o consejos útiles. Las claves son el complemento perfecto de los modelos.

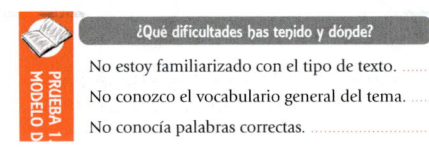

■ **Las tablas de progreso**. Al final de cada prueba de cada modelo vas a encontrar unas tablas para anotar cómo progresa tu preparación. No olvides completarla cada vez. En la página 112 tienes además un espacio, "Resumen de la preparación", donde puedes poner todos los resultados de todos los modelos y tener una panorámica de tu preparación.

DELE B1
Modelo de examen n.° 1

PRUEBA 1. COMPRENSIÓN DE LECTURA — 70 min.

PRUEBA 2. COMPRENSIÓN AUDITIVA — 40 min.

PRUEBA 3. EXPRESIÓN E INTERACCIÓN ESCRITAS — 60 min.

PRUEBA 4. EXPRESIÓN E INTERACCIÓN ORALES — 15 min. + 15 min.

Claves, comentarios y consejos.

Vas a hacer el primer modelo de examen. Es importante hacer las **actividades previas** de todas las pruebas para conocer la estructura y las tareas de cada prueba. Observa el **tipo de texto** que presentan, los **temas** que aparecen y la **dificultad de las tareas**.

¡Atención! En algunos casos, las actividades previas te piden escribir comentarios. Lo puedes hacer en español o en tu idioma, pues no forma parte del examen.

• • • • • 🕐 No olvides medir siempre el **tiempo** que necesitas en cada tarea.

Edinumen — El Cronómetro, manual de preparación del DELE. Nivel B1

Prueba 1: Comprensión de lectura

● ● ● ● ● Antes de empezar la prueba de Comprensión de lectura.

Responde a estas preguntas con lo que sabes del examen.

1. ¿Cuántas tareas tiene esta primera prueba?..
2. ¿Cuánto tiempo tengo para realizarlas?..

Marca con una ✗.

		sí	no
3.	¿Todas las tareas son del mismo tipo?...	☐	☐
4.	¿Todos los textos tienen un mismo tema?...	☐	☐
5.	¿Los textos son especializados?...	☐	☐
6.	¿Tengo que redactar las respuestas?...	☐	☐
7.	¿Hay textos literarios?...	☐	☐
8.	¿Todos los textos proceden del mismo país?......................................	☐	☐
9.	¿Hay preguntas de gramática?...	☐	☐
10.	¿Las tareas son las mismas que hay en los libros de español?...........	☐	☐
11.	(Otra)	☐	☐

Comprueba tus respuestas. Las respuestas están en las claves de este modelo (pág. 32).

PRUEBA DE COMPRENSIÓN DE LECTURA — 70 min.

La prueba 1 tiene **5 tareas** de Comprensión de lectura. Hay que responder a **30 preguntas** en total. Las respuestas no se redactan, se marcan en una hoja especial: la **Hoja de respuestas** (al final del manual hay modelos para fotocopiar. Los textos están seleccionados y adaptados al nivel del examen. Pueden proceder de distintos países de habla hispana.

	¿Qué se evalúa?	¿En qué consiste la tarea?	¿Cómo son los textos?
TAREA 1	Que eres capaz de entender la idea principal e identificar información concreta en textos breves.	Tienes que relacionar 6 frases de una lista de 9 frases, con lo que dicen 6 personas.	Anuncios publicitarios, programación de TV, mensajes personales y avisos. Ámbitos: personal, público, profesional y académico. Frases de **entre 20 y 30 palabras.** Textos de **entre 40 y 60 palabras.**
TAREA 2	Que sabes entender las ideas principales e identificar información concreta en textos informativos simples.	Consiste en responder a 6 preguntas seleccionando una de las tres opciones de respuesta.	Texto informativo. Ámbitos: público y académico. Texto de **entre 400 y 450 palabras.**
TAREA 3	Que eres capaz de localizar información concreta en textos descriptivos, narrativos o informativos.	Hay que relacionar 6 frases o preguntas con 3 textos.	Anécdotas, fragmentos de guías de viajes, experiencias, noticias, diarios, biografías, ofertas de trabajo, etc. Ámbito: público. Textos de **100-120 palabras cada uno.**
TAREA 4	Que sabes reconocer la estructura de un texto y reconstruirlo.	Completar un texto con 6 párrafos de una lista de 8.	Catálogos, instrucciones, consejos, textos narrativos, etc. Ámbitos: público y personal. Párrafos de **entre 15 y 20 palabras.** Texto de **entre 400 y 450 palabras.**
TAREA 5	Que eres capaz de identificar y seleccionar elementos gramaticales para completar textos sencillos.	Completar los 6 huecos de un texto eligiendo una de las tres opciones propuestas para cada hueco.	Cartas formales e informales básicas y mensajes electrónicos. Ámbitos: público y personal. Texto de **150-200 palabras.**

Fuente: Instituto Cervantes.

¿Qué te ha sorprendido más de la descripción de esta prueba del examen? Anota aquí tu comentario.

....

¡Ya puedes empezar esta prueba!

Prueba 1: Comprensión de lectura

• • • • • 🕐 **Pon el reloj**.

La prueba de **Comprensión de lectura** contiene **5 tareas**. Usted tiene que responder a **30 preguntas**.

Duración: **70 minutos**. Marque sus opciones en la **Hoja de respuestas**.

Tarea 1

INSTRUCCIONES

Usted va a leer seis textos en los que unas personas hablan de lo que les gusta hacer en su tiempo libre y diez textos que informan sobre la agenda cultural de Buenos Aires. Relacione a las personas (1-6) con los textos que informan sobre las actividades culturales (A-J). HAY TRES TEXTOS QUE NO DEBE RELACIONAR. Marque las opciones elegidas en la **Hoja de respuestas**.

	PERSONA	TEXTO
0.	GUILLERMO	G
1.	ISABEL	
2.	MANUEL	
3.	CLAUDIA	
4.	ENRIQUE	
5.	EVA	
6.	GUSTAVO	

0. GUILLERMO
Me encanta el fútbol. Veo todos los partidos por televisión o en vivo. Me interesa también la historia de los equipos que hicieron grande este deporte.

1. ISABEL
A mis hijos les encantan las historias. Buscamos algún espectáculo para disfrutar en familia y mejor si es gratis.

2. MANUEL
Soy profesor de una escuela de artesanía. Me gustaría encontrar una exposición que no sea solo el fin de semana para ir con mis alumnos.

3. CLAUDIA
Solo estaré unos días en la ciudad. Me interesan mucho la historia social y las pequeñas cosas que formaron parte del pasado de las personas mayores.

4. ENRIQUE
Me gusta mucho el arte moderno y tengo una pequeña colección en casa. Busco un lugar para tomar una copa de vino escuchando buena música mientras veo las obras de arte.

5. EVA
Soy aficionada al cine en general, no me pierdo ninguna novedad de la cartelera. Me encanta descubrir nuevos autores.

6. GUSTAVO
Desde que me divorcié solo veo a mis hijos los fines de semana. Me gusta hacer algo con ellos al aire libre los domingos por la mañana.

AGENDA CULTURAL DE BUENOS AIRES

A **Feria de Parque Centenario. Parque Centenario**
Viernes, sábados, domingos, 11 a 20 h: gratis. Se venden y exhiben artesanías locales realizadas en metales, cuero, madera, telares y artes plásticas. Además, durante todo el año se pueden ver espectáculos artísticos en el parque. Para llegar: colectivos 15, 36, 42, 55.

B **Feria de Artesanías de la Plaza Intendente Alvear**
Sábados, domingos, 11 a 20 h: gratis. Es una de las más grandes y famosas de la ciudad. Cientos de puestos ofrecen sus productos artesanales de gran categoría. Además, hay recitales de poesía gratuitos y al aire libre. Cómo llegar: colectivos 17, 62, 67, 92 y 93.

C **Espacio Cultural Julián Centeya. Murales y cortometrajes**
Desde el martes 28 de agosto podrá visitarse la muestra de artes visuales, con reproducciones fotográficas de murales realizados en el Barrio Cildañez y cortometrajes producidos por chicos y chicas del Laboratorio Itinerante de Cine. Cómo llegar: colectivos 7, 23, 155, 160 y 165.

D **Paseo Darwin**
Sábados, domingos, 10 a 20 h: gratis
Un lugar ideal para quienes buscan -a precios asequibles- antigüedades, arte y mucho diseño joven. Además, por la tarde, se presentan espectáculos y conciertos de tango, rock, folclore o jazz. Como la programación se realiza al aire libre, se suspende en caso de lluvia.

E **Banda Sinfónica de la Ciudad**
La Banda Sinfónica de la Ciudad de Buenos Aires realizará conciertos gratuitos en distintos locales de la ciudad. Para el mes de julio, se presentará: el viernes 27, a las 18 h, en la Bolsa de Comercio, Sarmiento 299; y el sábado 28, a las 20.30 h, en el Centro Asturiano, Solís 485. Se recomienda reservar plaza.

F **Museo de la Ciudad.** *Los porteños vuelven a jugar*
El Museo de la Ciudad muestra un aspecto importante de la vida y las costumbres de los porteños: una colección de juguetes antiguos que, en gran medida, ha sido armada por las donaciones que han hecho los vecinos de la ciudad. Muñecos, vehículos, tambores y todo lo que hizo feliz en su infancia a nuestros abuelos y padres.

G **Laboratorio de Fútbol**
El viernes 10 de agosto arranca un ciclo de charlas abiertas y gratuitas sobre los equipos que dejaron una marca en la historia, desde los años 20 hasta nuestros días. La charla será acompañada con imágenes, videos inéditos y documentos sobre los temas tratados, que estarán disponibles para el público en la biblioteca de Laboratorio Fútbol.

H **Teatro San Martín.** *Un enemigo del pueblo*
Miércoles, jueves, viernes, sábados, domingos, 20.00 h: $20 y $25.
Obra Henrik Ibsen, adaptada y dirigida por Sergio Renán. El elenco está integrado por Luis Brandoni, Alberto Segado, Pepe Novoa y Horacio Peña, entre otros. Entradas a partir de julio: platea $20 y pullman $15. Miércoles $10. Última función: domingo 26 de agosto.

I **Museo José Hernández. Grupo** *Encuentrascuentos*
Domingos, 17 h: entrada libre.
Este grupo de narración oral comparte sus cuentos con pequeños y grandes. Por tercer año consecutivo se presenta en el Museo José Hernández con historias, personajes y paisajes imaginarios en los cuerpos y en las voces de Mabel y Carlos.

J **Anfiteatro del Parque Rivadavia. Música infantil**
El domingo es un día para pasar en familia, con la mejor música para que sus hijos no se aburran. A partir de las 11h: entrada libre.

• • • • • 🕐 ¿Cuánto tiempo has necesitado para **esta tarea**? Anótalo aquí: _____ y vuelve a poner el reloj.

Comprensión de lectura

Tarea 2

INSTRUCCIONES

*Usted va a leer un texto sobre el cacao y el chocolate. Después, debe contestar a las preguntas (7-12). Seleccione la respuesta correcta (a / b / c). Marque las opciones elegidas en la **Hoja de respuestas**.*

EL CACAO Y EL CHOCOLATE

El cacao es una fruta de origen tropical con la que se produce la bebida conocida como chocolate. El árbol del cacao normalmente tiene entre 10 y 15 frutos, pero en algunas ocasiones puede llegar a 20. Los frutos del árbol del cacao reciben el nombre de piñas o maracas, son de forma ovalada o esférica y tienen una longitud de 20 cm. En su punto de madurez, cuando deben recogerse, tienen una tonalidad dorada o rojiza con unas rayas longitudinales y emiten un sonido característico al ser golpeados.

La palabra chocolate proviene del vocablo navalt "xocolatl", que significa "agua espumosa" y designaba entre los aztecas una bebida de sabor amargo reservada a los dioses, al emperador y a los nobles. Para elaborarla, los mayas y los toltecas hervían en agua los granos de cacao molidos y los mezclaban con harina de maíz y diversas especias.

En el reino maya, el fruto que se utilizaba para la preparación de esta bebida era tan apreciado que llegó a convertirse en moneda y se comercializaba con ella en todo el Imperio azteca.

Algunos historiadores aseguran que el emperador azteca Montezuma ofreció a Hernán Cortés esta bebida cuando llegó a México en 1519, dándole así el tratamiento debido a una divinidad. Según la leyenda, su llegada coincidiría con el anunciado regreso cíclico cada 52 años del dios Quetzalcóatl. Hernán Cortés se dio cuenta pronto del valor nutritivo y tonificante de esta bebida, que permitía a los soldados españoles estar todo el día de marcha sin ningún alimento más.

En cuanto a la introducción del cacao en Europa, algunas fuentes indican que fue el propio Hernán Cortés quien lo llevó a la corte del rey Carlos V de España. Otras fuentes aseguran que Cristóbal Colón, al regreso de su cuarto viaje a las Indias, introdujo el fruto de cacao en España.

Una tercera hipótesis dice que el cacao llegó a Europa gracias a cierto monje que envió cacao al abad del Monasterio de Piedra de Zaragoza, junto con las indicaciones de cómo prepararlo.

En España, la elaboración del chocolate se mantuvo en secreto y tan solo los monjes conocían el procedimiento para convertir el fruto del cacao en chocolate. Estos sustituyeron las fuertes especias utilizadas por los indígenas americanos por miel y azúcar. Era tan nutritivo que podía ser considerado como un alimento o una bebida. La Iglesia prohibió su consumo en conventos en el siglo XVI, pero, posteriormente, consideró que, como bebida, no rompía el ayuno de los religiosos en las épocas en las no podían ingerir alimentos. El chocolate alcanzó, así, una gran popularidad entre ellos.

Ahora, nuevas formas y nuevos productos se adaptan al mercado manteniendo la calidad a la que nos tienen acostumbrados.

(Adaptado de http://educar.org/IndustriasAlimenticias/Cacao/)

PREGUNTAS

7. Según el texto, el árbol del cacao…

   a) no suele dar más de 15 frutos.
   b) tiene 20 cm de longitud.
   c) se llama piña o maraca.

8. Según el texto, la bebida…

   a) se utilizaba para intercambio comercial.
   b) era consumida originariamente por todas las clases sociales.
   c) se elaboraba antiguamente añadiendo harina.

9. Una de las teorías descritas en el texto dice que Hernán Cortés…

   a) tomó cacao porque se consideraba un dios.
   b) prohibió el consumo de cacao en México.
   c) introdujo el cacao en España.

10. En el texto se dice que Hernán Cortés…

    a) nunca conoció los beneficios del chocolate.
    b) no alimentaba a sus soldados.
    c) descubrió las ventajas del chocolate.

11. Según el texto, los monjes…

    a) no consideraban el chocolate ni bebida ni comida.
    b) tenían prohibida la preparación del chocolate.
    c) al principio mantuvieron en secreto la receta.

12. En el texto se dice que…

    a) la Iglesia no permitió durante un tiempo el consumo de chocolate.
    b) los monjes añadieron miel y azúcar a las especias de la receta original.
    c) los religiosos no podían tomar chocolate los días de ayuno.

• • • • • 🕐 ¿Cuánto tiempo has necesitado para **esta tarea**? Anótalo aquí: _____ y vuelve a poner el reloj.

Tarea 3

INSTRUCCIONES

Usted va a leer las experiencias de viajes de tres personas en un foro de Internet. Relacione las preguntas (13-18) con los textos (A, B o C). Marque las opciones elegidas en la **Hoja de respuestas**.

PREGUNTAS

		A. MARTA	B. SANDRA	C. MIGUEL
13.	¿Qué persona dice que el viaje fue muy barato?			
14.	¿Qué persona dice que ha conocido cómo viven las personas del lugar?			
15.	¿Qué persona dice que viajó en coche por el país?			
16.	¿Qué persona dice que viajó acompañada?			
17.	¿Qué persona dice que ha conocido a gente que ayuda a la población local?			
18.	¿Qué persona dice que ha conocido a alguien con mucha paciencia?			

Comprensión de lectura

A. MARTA

¡Buenas a todos! Somos un grupo de tres chicas que el pasado mes de agosto hicimos una ruta de seis días por el desierto. La compañía la encontramos por Internet y contactamos con ellos para ultimar los detalles del viaje. Una vez llegamos a Marrakech, nuestro guía, Zaid, nos estaba esperando en el aeropuerto y a partir de ese momento no dejó de cuidarnos durante todo el viaje. Zaid hablaba perfectamente español, conducía de maravilla, era muy paciente y, sobre todo, muy buen conocedor de la zona. El mejor hotel fue el "Nómada Palace" de Merzouga: veíamos las dunas del desierto desde la habitación y fueron muy amables. Han sido solo seis días pero ya estamos pensando en volver cuanto antes.

B. SANDRA

El último viaje que hice supuso un antes y un después para mí. Fui al "Sound Park Festival", un encuentro multitudinario de jóvenes universitarios de toda Europa que se celebra en Semana Santa en Mallorca. Nunca había estado en las Baleares y debo decir que Mallorca me pareció preciosa. En esta época, no hay tanta gente en las playas como en verano, hizo muy buen tiempo, pude ver calas maravillosas y la catedral junto al paseo marítimo me pareció impresionante. Además, había mucha gente joven e hice muchos nuevos amigos. Una de las mejores cosas es que con 300 euros lo pagué todo (alojamiento con pensión completa, fiestas, entradas a discotecas…). Este año voy a repetir, ¡os lo recomiendo!

C. MIGUEL

Acabo de regresar de un viaje a Santo Tomé y Príncipe. Durante este tiempo he podido tener una visión general de un lugar en el que el tiempo no corre igual y donde las cosas tienen otro valor. Allí se vive al día gracias a los recursos de la tierra y del mar. Con las gentes locales y con voluntarios de ONG he podido conversar y compartir experiencias, aprender de su trabajo, he disfrutado de su compañía y he visto la verdadera realidad de un lugar del que he aprendido mucho. He practicado un turismo responsable sin utilizar grandes compañías transnacionales e intentado, con mi visita, ayudar al desarrollo de sus habitantes.

(Adaptado de www.foroviajes.com, España)

• • • • • 🕐 ¿Cuánto tiempo has necesitado para **esta tarea**? Anótalo aquí: _____ y vuelve a poner el reloj.

Tarea 4

INSTRUCCIONES

Lea el siguiente texto, del que se han extraído seis fragmentos. A continuación lea los ocho fragmentos propuestos (A-H) y decida en qué lugar del texto (19-24) hay que colocar cada uno de ellos. HAY DOS FRAGMENTOS QUE NO TIENE QUE ELEGIR. Marque las opciones elegidas en la **Hoja de respuestas**.

DOCUMENTO NACIONAL DE IDENTIDAD (DNI): FRANCO TIENE EL 1; EL REY, EL 10

Sus antepasados directos nacen con el descubrimiento de América. **19.** _____. En 1824, Fernando VII creó la Policía en nuestro país y le dio la exclusividad de crear listas de población que incluyeran edad, sexo, estado, profesión, y naturaleza del vecindario.

El final de estas listas llegó tras la Guerra Civil, contienda que dejó una nación sin nombre ni apellidos. Era necesario crear un nuevo documento que se puso en marcha a través de un decreto en 1944. ¿La razón? **20.** _____. La iniciativa partió de Presidencia del Gobierno, o sea, de Franco, pese a lo cual él mismo tuvo que esperar hasta 1951 para estrenar su propio carné de identidad.

El carné incluía una casilla para clasificar al ciudadano según su estatus económico. Los de primera categoría eran las personas más importantes y los caciques rurales. Los de segunda y tercera eran, gradualmente, menos ricos y tenían menos posesiones. **21.**_____. No se trataba de lejanas eras feudales. Esta pirámide estratificó socialmente a España hasta el año 1981.

Echando un vistazo al primer volumen de registro, queda claro el culto a la personalidad del Generalísimo. El número uno se lo reservó para sí mismo, Francisco Franco Bahamonde. El segundo llevaba el nombre de su mujer, Carmen Polo y Martínez Valdés. Para su hija Carmen Franco Polo fue el número tres. Del cuarto al noveno han quedado vacantes. **22.**_____. El número 10 se le asignó al Rey, el 11 para Doña Sofía de Grecia, el 12 para la Infanta Elena y el 14 para la Infanta Cristina. La superstición dejó vacía la casilla del 13. El DNI del Príncipe Felipe tiene el número 15.

23._____. El Estado añade en su DNI el nombre de unos padres ficticios hasta su mayoría de edad para preservar su infancia.

Por último, otro dato curioso: a principios de los 80, ETA fabricó algunos carnés falsos con un pequeño error. **24.**_____.

(Adaptado de *www.elmundo.es*, España)

FRAGMENTOS

A. Por último, se agrupaban los llamados «pobres de solemnidad», gente tan mísera que no tenía que pagar el precio del DNI.

B. Fundamentalmente, el control, tener más y mejor controlados a todos los españoles.

C. Del 10 en adelante y hasta el número 99, se bloquearon para la Familia Real española.

D. Al contrario que su poseedor, el DNI no se hace viejo y ha renovado su vestuario periódicamente.

E. Los primeros obligados a tener este documento fueron los presos y los que permanecían en libertad vigilada.

F. Cuando comenzó el comercio entre España y sus colonias, la Administración empezó a necesitar saber quién era quién.

G. Ellos no lo sabían pero para la policía fue una gran ayuda y descubrirlos fue muy fácil.

H. En el otro extremo está el de los niños sin progenitores reconocidos.

● ● ● ● ● 🕒 ¿Cuánto tiempo has necesitado para **esta tarea**? Anótalo aquí: _____ y vuelve a poner el reloj.

Comprensión de lectura

Tarea 5

INSTRUCCIONES

Lea el texto y rellene los huecos (25-30) con la opción correcta (a / b / c). Marque las opciones elegidas en la **Hoja de respuestas**.

Para:
Asunto:

Hola, Ricardo:

¿Cómo va todo? No he podido escribirte antes, estos meses he trabajado demasiado y _____ 25 _____ muy cansada. Voy a intentar ponerte al día.

Todo sigue igual por aquí, mucho trabajo, los niños, la casa... El mes pasado _____ 26 _____ viajando por toda España por el trabajo, tuve reuniones en casi todas las sucursales de la empresa. Sabes que me gusta viajar pero cambiar cada dos noches de ciudad es muy cansado. Por fin pude quedar con Sonia en Segovia. La ciudad es preciosa, nunca antes _____ 27 _____ allí. Ella me dijo que estaba muy bien: el bebé es precioso y se han mudado a un piso más grande. Dice que _____ 28 _____ digas cuándo vas a estar por casa, para ir a visitarte. Díselo cuanto antes y así puede comprar los billetes más baratos.

Juan y yo no nos vemos mucho desde el divorcio, la verdad es que estoy bastante nerviosa y he vuelto a fumar otra vez. No sé qué puedo hacer para que todo vaya mejor. ¿_____ 29 _____ es la mejor manera de llevarnos bien?

Espero que todo te _____ 30 _____ bien. ¡Escríbeme pronto!

Muchos besos,

Carla

OPCIONES

25.	a) soy	b) estoy	c) tengo
26.	a) estuve	b) estaba	c) había estado
27.	a) había estado	b) estuve	c) estaba
28.	a) lo	b) la	c) le
29.	a) Cuál	b) Qué	c) Cómo
30.	a) va	b) vaya	c) irá

● ● ● ● ● ¿Cuánto tiempo has necesitado para **esta tarea**? Anótalo aquí: _____ min.

CLAVES

Antes de empezar la prueba de Comprensión de lectura. 1. 5 tareas; **2.** 70 minutos; **3.** No, cada tarea es de un tipo diferente, y no se repite ninguno: tienes que seleccionar una respuesta de entre tres (tarea 1), seleccionar personas que dicen cosas (tarea 2), relacionar frases (enunciados con textos tarea 3), completar un texto con fragmentos de una lista (tarea 4) y completar los huecos de un texto con palabras seleccionadas de entre tres opciones (tarea 5); **4.** No, cada texto tiene, por lo general, un tema diferente. Los temas dependen de los ámbitos de la tarea. Hay cuatro ámbitos: público, personal, profesional, académico. No todos los ámbitos están en todas las tareas. En el ejemplo de examen del *Instituto Cervantes* están representados los ámbitos personal y público (tarea 1), público (tarea 2), personal (tarea 3), público (tarea 4) y personal (tarea 5). Ten en cuenta además que la extensión de los textos de las tareas influye en el tiempo necesario para realizarla; **5.** En general no. Suelen ser textos de contenido general o divulgativo. Pueden tener alguna palabra especializada, pero la tarea no suele evaluar el conocimiento de esas palabras. Lo importante no es el conocimiento de palabras especiales sino tu capacidad para resolver las tareas. Observa en la tabla de la introducción la columna "Qué se evalúa"; **6.** No, solo seleccionar la respuesta correcta y marcarla en una hoja especial: la **Hoja de respuestas**; **7.** No; **8.** No, lo normal es que aparezcan al menos dos países de origen. En el ejemplo de examen, los textos son de España y México; **9.** Sí, en la tarea 5. La tarea 4 también incluye, más indirectamente, una evaluación de tu conocimiento gramatical. Nunca debes explicar la regla, solo seleccionar una palabra; **10.** No exactamente, aunque en realidad depende del tipo de libro que uses en clase de español. Las tareas del examen están diseñadas para evaluar capacidades propias del nivel B1. Lo importante es conocer las tareas de examen y sus dificultades, y estar habituado a hacerlas. Muchos ejercicios de libros de español te pueden ser útiles para preparar el examen.

1 I	2 A	3 F	4 D	5 C	6 J	7 A	8 C	9 C	10 C
11 C	12 A	13 B	14 C	15 A	16 A	17 C	18 A	19 F	20 B
21 A	22 C	23 H	24 G	25 B	26 A	27 A	28 C	29 A	30 B

¿Cómo ha ido la prueba?	Tarea 1	Tarea 2	Tarea 3	Tarea 4	Tarea 5
Respuestas correctas					
🕐 Tiempo utilizado en cada tarea.					
Me ha ayudado la tarea previa.					
Conocía el tipo de texto.					
Conocía el vocabulario del tema.					
No conocía algunas palabras concretas.					
No he tenido problemas con la tarea.					
La cantidad de información me ha desorientado.					
He organizado bien el tiempo disponible.					
Nivel de estrés (de 1 –mínimo– a 5 –máximo–).					

¿Qué puedes hacer para mejorar tus resultados la próxima vez? Anota aquí tu comentario.

....

....

PRUEBA 1 COMPRENSIÓN DE LECTURA

Prueba 2: Comprensión auditiva

• • • • • **Antes de empezar la prueba de Comprensión auditiva.**

Responde a estas preguntas con lo que sabes del examen.

1. ¿Cuántas tareas tiene esta prueba del examen? ....
2. ¿Cuánto tiempo dura esta prueba? ....

Marca con una ✗.

		sí	no
3.	¿Todas las tareas son del mismo tipo?...	☐	☐
4.	¿Las respuestas se redactan?..	☐	☐
5.	¿Hay distintos tipos de diálogos?..	☐	☐
6.	¿Todas las audiciones tienen un mismo tema?...	☐	☐
7.	¿Las audiciones son reales, por ejemplo de la televisión o de la radio?................	☐	☐
8.	¿Todas las personas tienen el mismo acento?...	☐	☐
9.	¿Las audiciones se escuchan dos veces?...	☐	☐
10.	¿Las instrucciones están solo en español?...	☐	☐
11.	¿Tengo tiempo para leer las preguntas antes de escuchar las audiciones?...........	☐	☐

Comprueba tus respuestas. Las respuestas están en las claves de este modelo (pág. 22).

La prueba 2 tiene **5 tareas** de Comprensión auditiva. Hay que responder a **30 preguntas** en total. Siempre hay un tiempo previo para leerlas. Las respuestas no se redactan, se marcan en una hoja especial: la **Hoja de respuestas** (al final del manual hay modelos para fotocopiar). Las audiciones están seleccionadas y adaptadas al nivel B1. Algunas son de fuente real. Se escuchan dos veces. Los hablantes pueden ser de distintos países de habla hispana. Las instrucciones están en español y se leen en el cuadernillo.

PRUEBA DE COMPRENSIÓN AUDITIVA

40 min.

	¿Qué se evalúa?	¿En qué consiste la tarea?	¿Cómo son los textos?
TAREA 1	Que puedes entender la idea principal de textos breves de tipo informativo o promocional.	Las tres tareas consisten en responder a 6 preguntas seleccionando una de las tres opciones de respuesta.	6 monólogos cortos: anuncios publicitarios, mensajes personales, avisos, etc. Ámbitos: personal y público. Textos de **entre 40 y 60 palabras**.
TAREA 2	Que puedes entender la idea principal e información concreta de un monólogo de extensión larga.		Un monólogo que describe experiencias personales del hablante. Ámbitos: personal, público, profesional y académico. Texto de **entre 400 y 450 palabras**.
TAREA 3	Que puedes entender la idea principal de un texto informativo.		6 noticias de un programa informativo de radio o televisión. Ámbito: público. Texto de **entre 350 y 400 palabras**.
TAREA 4	Que puedes entender la idea principal de monólogos o conversaciones breves.	Hay que relacionar 6 frases de una lista de 9 frases, con lo que dicen 6 personas.	6 monólogos o conversaciones informales en los que se cuentan anécdotas o experiencias sobre un mismo tema. Ámbitos: público y profesional. Textos de **entre 50 y 70 palabras**.
TAREA 5	Que eres capaz de reconocer información concreta en conversaciones.	Hay una lista de 6 frases y hay que identificar quién dice cada frase.	Una conversación informal entre dos personas. Ámbitos: personal y público. Texto de **entre 250 y 300 palabras**.

Fuente: *Instituto Cervantes.*

¿Qué te ha sorprendido más de la descripción de esta prueba del examen? Anota aquí tu comentario.

....

¡Ya puedes empezar esta prueba!

Prueba 2: Comprensión auditiva

Pon las pistas n.º 1 a la 5. No uses el botón de *PAUSA* en ningún momento. Sigue todas las instrucciones que escuches.

La prueba de **Comprensión auditiva** contiene **5 tareas**. Usted tiene que responder a **30 preguntas**. Marque sus opciones en la **Hoja de respuestas**.

Duración aproximada: **40 minutos**.

Tarea 1

INSTRUCCIONES

Usted va a escuchar seis mensajes del buzón de voz de un teléfono. Escuchará cada mensaje dos veces. Después debe contestar a las preguntas (1 - 6). Seleccione la opción correcta (a / b / c). Marque las opciones elegidas en la **Hoja de respuestas**.

Tiene **30 segundos** para leer las preguntas.

PREGUNTAS

Mensaje número 1

1. ¿Para qué llama Arantxa a Ricardo?
   a) Para proponerle un cambio.
   b) Para comunicarle un cambio.
   c) Para pedirle su opinión sobre un cambio.

Mensaje número 2

2. ¿Qué problema hay con el viaje?
   a) Ya no se puede realizar.
   b) Hay que cambiar el alojamiento.
   c) Lo van a hacer otro día.

Mensaje número 3

3. ¿Qué tiene que hacer la madre de Fernando?
   a) Inscribir a su hijo para un viaje.
   b) Organizar un viaje.
   c) Llamar a la maestra.

Mensaje número 4

4. ¿Qué va a hacer Carlos?
   a) Entrar en clase.
   b) Irse de viaje.
   c) Llamar a Jorge.

Mensaje número 5

5. ¿Qué le pide Ana a Clara?
   a) Que llame a Carlos.
   b) Que le preste un libro.
   c) Que le devuelva algo que es suyo.

Mensaje número 6

6. ¿Qué ha pasado en la casa del señor García?
   a) Un aparato ha dejado de funcionar.
   b) Alguien se ha puesto enfermo.
   c) Un técnico ha ido por la mañana y él no estaba.

Tarea 2

Comprensión auditiva

INSTRUCCIONES

Usted va a escuchar un fragmento del programa «Comando actualidad» en el que Teresa, deportista española en silla de ruedas, cuenta cómo es su vida. Escuchará la audición dos veces. Después debe contestar a las preguntas (7-12). Seleccione la respuesta correcta (a / b / c). Marque las opciones elegidas en la **Hoja de respuestas**.

Tiene **30 segundos** para leer las preguntas.

PREGUNTAS

7. En la audición Teresa cuenta que en su profesión…

   a) todo el mundo se esfuerza mucho.
   b) ella siempre fue la que mejor cabeza tenía.
   c) la imaginación es muy importante.

8. Según la grabación, Teresa relaciona las épocas de su vida con…

   a) las personas más importantes para ella.
   b) los lugares en que ha conocido a esas personas.
   c) los eventos deportivos en los que ha participado.

9. Con respecto a su enfermedad, Teresa explica en la audición que…

   a) se debió a un accidente que sufrió corriendo en Zaragoza.
   b) recuerda el día exacto en que se quedó paralítica.
   c) fue un proceso largo y doloroso.

10. Teresa piensa que lo que a ella le ha pasado…

    a) puede enseñar a otros cómo vivir la vida.
    b) le lleva a vivir cosas que otros no han vivido.
    c) lo ha superado gracias a su espíritu vitalista.

11. Según la grabación, el rendimiento económico de su actividad…

    a) no es nunca el factor motivador.
    b) es mucho menor que el esfuerzo realizado.
    c) es mejor que en el caso de los deportistas olímpicos.

12. Teresa cuenta que la experiencia más difícil ha sido…

    a) descubrir dónde estaban sus límites.
    b) su viaje por el desierto del Sáhara.
    c) ver cómo los demás la ignoraban.

Tarea 3

INSTRUCCIONES

Usted va a escuchar seis noticias de un programa mexicano de radio. Escuchará el programa dos veces. Después debe contestar a las preguntas (13-18). Seleccione la respuesta correcta (a / b / c). Marque las opciones elegidas en la **Hoja de respuestas**.

🕒 Tiene **35 segundos** para leer las preguntas.

PREGUNTAS

Noticia 1
13. La empresa Sigma...
    a) se dedica a productos para el sector de la restauración.
    b) tiene dos plantas en Monterrey y Hermosillo.
    c) comercializa carne de cerdo.

Noticia 2
14. El festival *TagDF* de la semana próxima...
    a) tiene una duración de tres días.
    b) va a mostrar varias películas.
    c) contará con personalidades del espectáculo.

Noticia 3
15. En el programa recuerdan al escritor argentino porque...
    a) además de escritor fue ensayista y pintor.
    b) escribió solo tres novelas.
    c) nació el mismo día de la emisión.

Noticia 4
16. En el estado mexicano de Quintana Roo se planea desarrollar...
    a) una interesante oferta turística.
    b) una nueva forma de escribir.
    c) cuatro maneras diferentes de hacer turismo.

Noticia 5
17. Ayer la selección nacional de fútbol de México...
    a) perdió frente a Japón.
    b) venció por 2 a 1.
    c) no sufrió tanto como se esperaba.

Noticia 6
18. Según el pronóstico para los próximos días el tiempo...
    a) va a ser peor de lo que se esperaba.
    b) es propio de esta época del año.
    c) va a ser especialmente malo al norte de California.

Tarea 4

INSTRUCCIONES

Usted va a escuchar a seis personas que explican cómo decidieron su profesión. Escuchará a cada persona dos veces. Seleccione el enunciado (A-J) que corresponde al tema del que habla cada persona (19-24). Hay diez enunciados incluido el ejemplo. Seleccione solamente <u>seis</u>. Marque las opciones elegidas en la **Hoja de respuestas**.

Ahora escuche el ejemplo:

Persona 0 (Ejemplo)

La opción correcta es el enunciado F.

Comprensión auditiva

🕐 Tiene **20 segundos** para leer los enunciados.

	ENUNCIADOS
A.	Lo hizo para ser diferente de las otras chicas.
B.	No lo hizo para encontrar marido.
C.	Los padres siempre le animaron.
D.	Se decidió más tarde que otros.
E.	Ha mejorado mucho desde que estudió.
F.	Era una tradición familiar.
G.	Lo hizo para irse a otra ciudad a estudiar.
H.	No se arrepiente de la decisión.
I.	Fue una decisión espontánea.
J.	Lo hizo en parte por su padre.

	PERSONA	ENUNCIADO
	Persona 0	F
19.	Persona 1	
20.	Persona 2	
21.	Persona 3	
22.	Persona 4	
23.	Persona 5	
24.	Persona 6	

Tarea 5

INSTRUCCIONES

*Usted va a escuchar una conversación entre dos amigos, Sergio y María. Indique si los enunciados (25-30) se refieren a Sergio (A), a María (B) o a ninguno de los dos (C). Escuchará la conversación dos veces. Marque las opciones elegidas en la **Hoja de respuestas**.*

🕐 Tiene **25 segundos** para leer los enunciados.

		A Sergio	B María	C Ninguno de los dos
0.	Ha hablado con el hermano.	☐	✓	☐
25.	Quiere aprovechar el tiempo libre.	☐	☐	☐
26.	Quiere hacer algo que ya hacía su padre.	☐	☐	☐
27.	Va a prepararse para un viaje importante.	☐	☐	☐
28.	Se preocupa por la reacción de los padres.	☐	☐	☐
29.	Le preocupa su futuro profesional.	☐	☐	☐
30.	Insiste en la propuesta inicial.	☐	☐	☐

CLAVES

Antes de empezar la prueba de Comprensión auditiva. 1. 5 tareas; **2.** Unos 40 minutos; **3.** No. Se diferencian según tres aspectos: qué se evalúa, en qué consiste la tarea y cómo son los textos. Además, la mecánica es diferente: a veces tienes que responder preguntas (tareas 1, 3 y 5), y en otros casos tienes que reconocer frases (tareas 2 y 4); **4.** No, solo tienes que marcar las respuestas en la **Hoja de respuestas**. Tienes modelos para fotocopiar al final del libro; **5.** Sí, fíjate en los tipos de textos: en la tarea 1 hay mensajes o avisos sobre tema diversos; en la 2 tienes un único monólogo, pero más largo; en la 3 tienes 6 noticias, lo que significa 6 cambios de tema; en la 4 tienes de nuevo monólogos sobre un mismo tema; en la 5 tienes una conversación informal; **6.** No. Ya has visto en la respuesta anterior que hay temas diferentes, incluso dentro de una misma tarea. Los temas están relacionados con los ámbitos de cada tarea. Ya hemos tratado este asunto en la introducción de la prueba 1 (página 8); **7.** No. Las tareas 1, 4 y 5 pueden tener audiciones creadas para el examen. Las otras son textos de origen real adaptados para el examen; **8.** No. Puedes encontrar cualquier acento estándar de los países hispanohablantes. Suele haber acentos distintos acentos en un mismo examen o incluso en una misma tarea; **9.** Sí, siempre dos veces, con algunos segundos entre la primera y la segunda audición. Esta doble audición te puede ayudar a desarrollar técnicas para realizar esta prueba del examen con éxito; **10.** Sí. Además, las instrucciones que se escuchan las puedes leer también en las hojas del examen (se llaman "cuadernillo de examen"); **11.** Sí, en todas las tareas, según el ejemplo de examen del *Instituto Cervantes*. Observa los tiempos disponibles:

Tarea 1	Tarea 2	Tarea 3	Tarea 4	Tarea 5
	30 seg.		20 seg.	25 seg.

Consejo. Como ves, la tarea 4 ofrece menos tiempo para leer las preguntas. Lo puedes sacar de la tarea 3 si respondes las preguntas mientras escuchas la audición y no después de escucharla, como dicen las instrucciones del examen: "Después, responda a las preguntas…".

1 C	2 B	3 A	4 B	5 C	6 A	7 A	8 C	9 C	10 A
11 B	12 B	13 A	14 C	15 C	16 A	17 B	18 B	19 B	20 D
21 H	22 J	23 E	24 I	25 A	26 C	27 B	28 A	29 B	30 A

¿Qué dificultades has tenido y dónde?	Tarea 1	Tarea 2	Tarea 3	Tarea 4	Tarea 5
Respuestas correctas.					
No conocía el tipo de texto.					
He reconocido el vocabulario de los temas.					
No conocía palabras concretas.					
Me ha desorientado la tarea.					
El acento de las audiciones me ha desorientado.					
He podido leer las preguntas y frases en el tiempo establecido.					
Los cambios de tema han sido una dificultad.					
Nivel de estrés (de 1 –mínimo– a 5 –máximo–).					

PRUEBA 2. COMPRENSIÓN AUDITIVA

¿Qué puedes hacer para mejorar tus resultados la próxima vez? Anota aquí tu comentario.

....

....

Prueba 3: Expresión e Interacción escritas

● ● ● ● ● **Antes de empezar la prueba de Expresión e Interacción escritas.**

Responde a estas preguntas con lo que sabes del examen.

1. ¿Cuántas tareas tiene esta prueba del examen? ....
2. ¿Cuánto tiempo dura en total la prueba? ....

Marca con una ✗.   **sí   no**

3. ¿Todas las tareas son del mismo tipo?... ☐ ☐
4. ¿Tengo que escribir cartas formales?... ☐ ☐
5. ¿Tengo que escribir un texto sobre un tema personal?....................................... ☐ ☐
6. ¿Tengo que escribir algo sobre el pasado?... ☐ ☐
7. ¿Los textos tienen un número máximo de palabras?.. ☐ ☐
8. ¿Es importante no escribir más del máximo de palabras?.................................. ☐ ☐
9. ¿Es obligatorio seguir todas las instrucciones?... ☐ ☐
10. ¿Voy a tener que escribir el mismo tipo de textos que en la prueba de lectura?.. ☐ ☐
11. ¿Puedo elegir entre distintas opciones?... ☐ ☐

Comprueba tus respuestas. Las respuestas del **El Cronómetro,** *nivel B1* están en las claves de este modelo (pág. 26).

La prueba 3 tiene 2 **tareas** de Expresión e Interacción escritas. Las tareas son también, en parte, de comprensión lectora, pues tienen un texto a partir del cual debes escribir el tuyo. Los dos textos tienen un límite de palabras. Es obligatorio seguir todas las instrucciones. Puedes escribir un borrador, el texto definitivo lo escribes en la **Hoja de respuestas**.

60 min.

	¿Qué se evalúa?	¿Qué hay que escribir?	¿Cómo son los textos de entrada?
TAREA 1	Que eres capaz de escribir un texto informativo sencillo y lógico a partir de la lectura de otro texto breve.	Una carta, un mensaje de foro, un correo electrónico o una entrada de blog que puede incluir descripción o narración. **De 100 a 120 palabras.**	Nota, anuncio, carta, correo electrónico, foro, muro de una red social, blog, revista, etc. Extensión: **unas 80 palabras.** Instrucciones: Situación que motiva la redacción del texto. Ámbitos: personal y público.
TAREA 2 **2 opciones**	Que eres capaz de escribir un texto relacionado con experiencias personales, sentimientos, anécdotas, etc.	Una composición, redacción, entrada de diario, biografía…, que puede incluir descripción o narración, presentación de información y opinión personal. **De 130 a 150 palabras.**	Noticia corta de una revista, blog o red social. Extensión: **unas 40 palabras.** Instrucciones: Situación que motiva la redacción del texto. Ámbitos: personal y público.

Fuente: *Instituto Cervantes.*

¿Qué te ha sorprendido más de la descripción de esta prueba del examen? Anota aquí tu comentario.

....

❗ Consejo. Aunque la tarea 2 presenta dos opciones, te recomendamos **hacer las dos** para practicar los dos tipos de textos.

¡Ya puedes empezar esta prueba!

Prueba 3: Expresión e Interacción escritas

Duración: 60 minutos. Pon el reloj antes de cada tarea.

La prueba de **Expresión e Interacción escritas** contiene **2 tareas**. Haga sus tareas en la **Hoja de respuestas**.

Tarea 1

INSTRUCCIONES

Usted ha recibido un correo electrónico de una amiga colombiana:

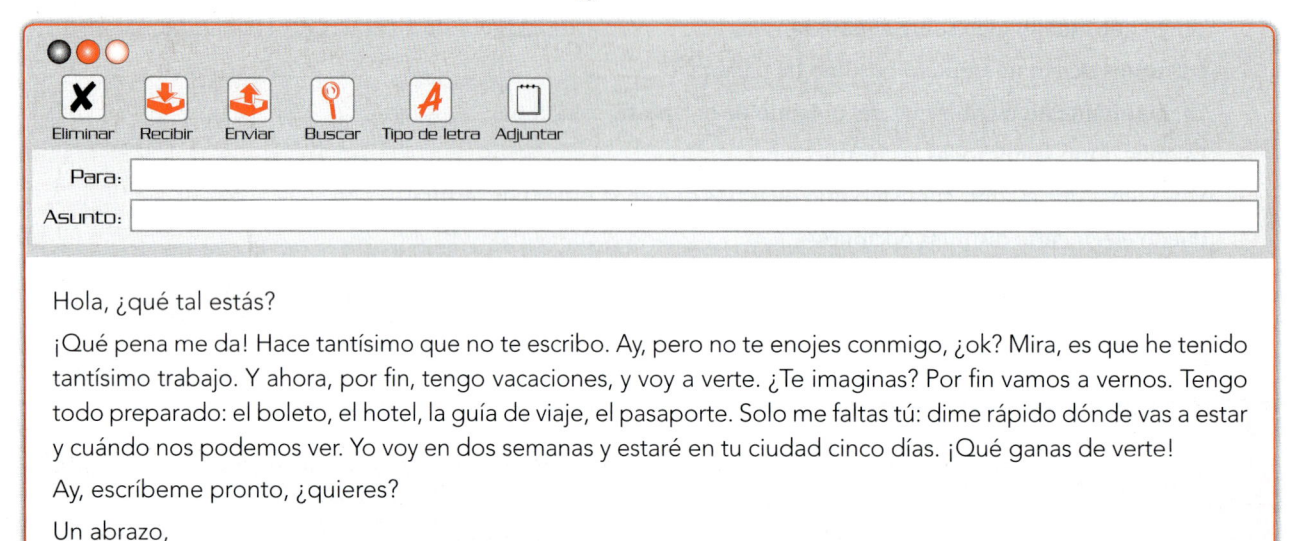

Para:
Asunto:

Hola, ¿qué tal estás?

¡Qué pena me da! Hace tantísimo que no te escribo. Ay, pero no te enojes conmigo, ¿ok? Mira, es que he tenido tantísimo trabajo. Y ahora, por fin, tengo vacaciones, y voy a verte. ¿Te imaginas? Por fin vamos a vernos. Tengo todo preparado: el boleto, el hotel, la guía de viaje, el pasaporte. Solo me faltas tú: dime rápido dónde vas a estar y cuándo nos podemos ver. Yo voy en dos semanas y estaré en tu ciudad cinco días. ¡Qué ganas de verte!

Ay, escríbeme pronto, ¿quieres?

Un abrazo,

Aída

Escríbale un correo electrónico a Aída para responder a sus preguntas. En él deberá:

- *saludar;*
- *contar qué ha hecho últimamente;*
- *proponer un lugar y un día de encuentro;*
- *proponer una actividad para hacer juntos;*
- *despedirse.*

Número de palabras: **entre 100 y 120.**

¿Cuánto tiempo has necesitado para **esta tarea**? Anótalo aquí: _____ y vuelve a poner el reloj.

Expresión e Interacción escritas

Tarea 2

INSTRUCCIONES

Elija solo una de las dos opciones que se le ofrecen a continuación:

OPCIÓN 1

Lea la siguiente cabecera de una página web dedicada a estudiantes de español.

> Únete a nuestra comunidad mundial y pon en práctica tus competencias. En nuestros foros podrás compartir experiencias y desarrollar tu español. ¡Y conocer gente con tus mismos intereses! Para entrar, solo tienes que enviarnos un texto contando tu experiencia con el español. Muchos lo han hecho ya, es una manera de empezar a conocernos. ¡Anímate!
>
> A 2415 personas les gusta esta página
> 22 personas están hablando de esto
> Me gusta
> **REGÍSTRATE**

Escriba un texto para entrar a formar parte de esta comunidad en el que cuente:

- su primer día en su primer curso de español;
- con quién estaba usted y por qué hizo el curso;
- qué le pareció el curso;
- qué impresión le causó el profesor o profesora;
- por qué lo recuerda como algo especial.

Número de palabras: **entre 130 y 150.**

● ● ● ● ● ¿Cuánto tiempo has necesitado para **esta tarea**? Anótalo aquí: _____ y vuelve a poner el reloj.

OPCIÓN 2

Lea el siguiente mensaje que aparece en la página web del barrio en el que usted vive:

> ### Bienvenido al foro de nuestro barrio: *Las Rosas*
>
> Este foro es un lugar de debate y de cooperación entre los vecinos de *Las Rosas*, un barrio activo y ocupado, con vida propia, comercios que están ya en marcha y una población que aumenta sin parar. La llegada del metro, las obras del estadio, los parques nuevos, los colegios..., nuestro entorno cambia. Aquí podemos informarnos y opinar de lo que pasa. Hagámoslo con espíritu constructivo. ¡Propón tu foro de debate!

(Adaptado de www.barriolasrosas.foroactivas.net)

Redacte un texto para enviar al foro en el que deberá:

- saludar y presentarse;
- explicar desde cuándo vive en el barrio y por que se mudó aquí;
- dar su opinión sobre el progreso del barrio y describir algún problema;
- proponer abrir un foro para debatir un tema con otros vecinos;
- despedirse.

Número de palabras: **entre 130 y 150.**

● ● ● ● ● ¿Cuánto tiempo has necesitado para **esta tarea**? Anótalo aquí: _____ y vuelve a poner el reloj.

CLAVES

Antes de empezar la prueba de Expresión e Interacción escritas. 1. 2 tareas; **2.** Una hora; **3.** No, la primera tarea tiene una intención más práctica e informativa, y la segunda tiene una intención más descriptiva o narrativa; **4.** No, las cartas o los correos electrónicos son siempre informales; **5.** No exactamente. No estás obligado a escribir sobre temas personales, aunque el texto es informal y te piden que cuentes anécdotas o historias, pero no tienen que ser verdaderas. No se evalúa si lo que dices es personal o no, verdad o mentira, sino el tipo de texto; **6.** Sí, en la segunda tarea, al menos una de las opciones supone escribir en pasado; **7.** Sí, los dos, el primero de 120 palabras, y el segundo de 150 palabras; **8.** Sí, es obligatorio. El propio *Instituto Cervantes* lo deja muy claro en su página web:

> **IMPORTANTE:** En la prueba de Expresión e Interacción escritas, se han de seguir rigurosamente las instrucciones facilitadas en el enunciado de la prueba sobre el número de palabras y el formato del texto.

(Fuente: http://diplomas.cervantes.es/informacion/niveles/nivel_b1.html)

Consejo. No son muchas palabras para todo lo que hay que hacer, por eso es importante aprender a escribir dentro de esos límites.

9. Sí, todas, no solo el número de palabras. El texto del *Instituto Cervantes* las llama "pautas", y no es una sugerencia, son instrucciones estrictas. La evaluación tiene en cuenta no solo la gramática, el vocabulario y la estructura del texto, sino también esas pautas, que aparecen en las instrucciones; **10.** En general no, aunque el texto de la tarea 5 de la comprensión de lectura es una carta o un mensaje electrónico, pero mucho más largo que el que tienes que escribir aquí; **11.** Sí, la tarea 2 presenta dos opciones para elegir una.

¿Cómo ha ido la prueba?	Tarea 1	Tarea 2 Opción 1	Tarea 2 Opción 2
Número de palabras del texto que he escrito.			
🕐 Tiempo utilizado en cada tarea.			
He entendido bien el material ofrecido y lo he interpretado correctamente.			
He entendido sin problemas la situación planteada.			
He expresado con claridad mis opiniones.			
He escrito sin problemas anécdotas del pasado.			
No he cometido errores graves de gramática.			
No me ha faltado vocabulario.			
He organizado bien el tiempo disponible.			
Nivel de estrés (de 1 –mínimo– a 5 –máximo–).			

¿Qué puedes hacer para mejorar tus resultados la próxima vez? Anota aquí tu comentario.

PRUEBA 3 EXPRESIÓN E INTERACCIÓN ESCRITAS

Prueba 4: Expresión e Interacción orales

● ● ● ● ● **Antes de empezar la prueba de Expresión e Interacción orales.**

Responde a estas preguntas con lo que sabes del examen.

1. ¿Cuántas tareas tiene esta prueba del examen? ....
2. ¿Cuánto tiempo dura esta prueba? ....

Marca con una X.

	sí	no
3. ¿Todas las tareas son del mismo tipo?	☐	☐
4. ¿Tengo tiempo para prepararlas?	☐	☐
5. ¿Tengo que leer algo antes de la entrevista?	☐	☐
6. ¿Voy a hablar con otros candidatos?	☐	☐
7. ¿Es importante mi acento para la nota?	☐	☐
8. ¿Tengo que hablar de usted todo el tiempo?	☐	☐
9. ¿Se va a grabar lo que digo?	☐	☐
10. ¿Hay un único tema de conversación?	☐	☐
11. ¿Me pueden decir la nota el mismo día de la entrevista?	☐	☐

Comprueba tus respuestas. Las respuestas de *El Cronómetro, nivel B1* están en las claves de este modelo (pág. 32).

La prueba tiene **4 tareas** de expresión oral. El objetivo es hablar, a veces solo, a veces en interacción. El acento que tengas no es importante, sino la pronunciación: tiene que ser clara y comprensible. Los examinadores no pueden decirte nada sobre el resultado de la entrevista, pero intentan que el ambiente sea tranquilo y relajado. Te preguntan si prefieres hablar de tú o de usted y te repiten las instrucciones de las tareas.

PRUEBA DE EXPRESIÓN E INTERACCIÓN ORALES — 15 min.*

	¿Qué se evalúa?	¿Qué tengo que hacer?	¿Cómo son los materiales de examen?	
TAREA 1	Que sabes presentar un tema y dar tu opinión, describir tus experiencias o hablar de tus deseos respecto a ese tema preparado antes.	Hablar solo a partir de un tema y unas preguntas. Tienes dos opciones para elegir una.	Una lámina con un tema y preguntas sobre aspectos que debe incluir tu presentación. Entre 80 y 100 palabras.	2-3 min.
TAREA 2	Que sabes conversar sobre el tema de la Tarea 1. El entrevistador te preguntará tu opinión o tu experiencia personal.	Conversar con el candidato y el entrevistador a partir de la Tarea 1. Entender y responder correctamente.	No hay.	3-4 min.
TAREA 3	Que sabes describir una imagen, siguiendo unas pautas y preguntas del entrevistador, que relacionarán la imagen con tu entorno.	Describir una foto y conversar con el entrevistador. Dos opciones para elegir una. No se prepara.	Lámina con una fotografía y unas pautas.	2-3 min.
TAREA 4	Que sabes satisfacer necesidades cotidianas o intereses personales: hacer cambios o devoluciones, solicitar un servicio, hacer una queja, confirmar o concertar una cita, pedir información, quedar con amigos, etc.	Conversar con el examinador para simular una situación cotidiana, a partir de la fotografía de la Tarea 3.	Tarjetas de rol con información que debes conocer para contextualizar la situación.	2-3 min.

(*) Más 15 minutos previos de preparación de las tareas 1 y 2 en una sala diferente. Antes de la entrevista hay 15 minutos para preparar las **tareas 1 y 2**. Puedes tomar notas, hacer esquemas, pero no puedes leer lo escrito directamente.

El Cronómetro ■ Manual de preparación del DELE. Nivel B1

En este dibujo puedes visualizar la situación:

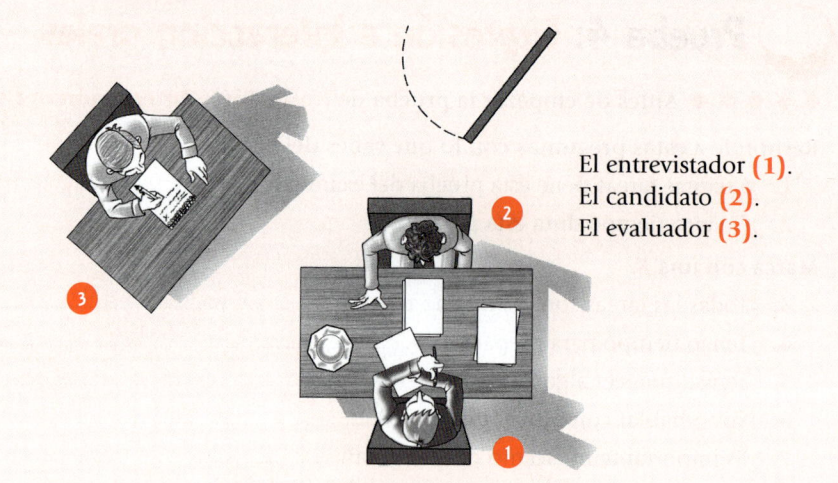

El entrevistador (1).
El candidato (2).
El evaluador (3).

Aquí tienes la descripción de la prueba que ofrece el *Instituto Cervantes*:

> La prueba de **Expresión e Interacción orales** contiene **cuatro tareas**:
>
> - **TAREA 1. Realizar una presentación breve. (2-3 minutos)**
>
>   Usted deberá hablar sobre un tema durante dos o tres minutos. Deberá elegir uno de los dos temas propuestos.
>
> - **TAREA 2. Participar en una conversación. (3-4 minutos)**
>
>   Usted debe dialogar con el entrevistador sobre el tema de la Tarea 1 durante tres o cuatro minutos.
>
> - **TAREA 3. Describir una fotografía y participar en una conversación. (2-3 minutos)**
>
>   Usted debe describir una fotografía durante uno o dos minutos. Deberá elegir una de las dos opciones propuestas. Después el entrevistador le hará algunas preguntas a partir del tema de la fotografía.
>
> - **TAREA 4. Diálogo en situación simulada. (2-3 minutos)**
>
>   Usted debe dialogar con el entrevistador en una situación simulada durante dos o tres minutos.

Fuente: *Instituto Cervantes*.

¡Atención! Puedes consultar la descripción de la prueba original en:

http://diplomas.cervantes.es/informacion-general/nivel-b1.html

¿Qué te ha sorprendido más de la descripción de esta prueba del examen? Anota aquí tu comentario.

....
....

¡Atención! En tres de las cuatro tareas de esta prueba del examen te van a ofrecer dos opciones para elegir. En **El Cronómetro**, *nivel B1* aparece una opción en cada modelo, es decir, cuatro opciones en total. Las instrucciones que vas a encontrar aquí, por eso, son ligeramente diferentes a las del examen.

Te vamos a proponer **grabar** tu presentación para luego **poderla analizar**. Ten a mano también un reloj para medir tu tiempo, o mejor **¡un cronómetro!**

¡Ya puedes empezar esta prueba!

Prueba 4: Expresión e Interacción orales

PREPARACIÓN

Tienes **15 minutos** para preparar las tareas 1 y 2. Sigue todas las **instrucciones**.

• • • • • 🕒 **Pon el reloj.**

Tarea 1

OPCIÓN: UN TRABAJO IDEAL

Aquí tiene un tema y unas instrucciones para preparar su exposición oral.

– Tendrá que hablar durante **2 o 3 minutos**. El examinador no interviene en esta parte de la prueba.

INSTRUCCIONES

Hable de un trabajo que le gustaría tener en el futuro.

– Incluya la siguiente información:

- qué trabajo es; por qué quiere tener ese trabajo;
- desde cuándo ha deseado tener ese trabajo; qué es lo que más le gusta y qué es lo que menos le gusta de ese trabajo;
- qué tareas tiene que desarrollar una persona que tiene ese trabajo;
- experiencias propias relacionadas con el trabajo o de otras personas que ya tengan esa profesión.

– No olvide:

- diferenciar las partes de su exposición: introducción, desarrollo y conclusión final;
- ordenar y relacionar bien las ideas;
- justificar sus opiniones y sentimientos.

Tarea 2

⚠ **Consejo.** El objetivo de esta tarea es desarrollar una conversación sobre el tema que has presentado en la tarea 1. Durante el tiempo de preparación, puedes ponerte a pensar qué preguntas podría hacerte el entrevistador. Recuerda, en todo caso, que en la entrevista no puedes leer respuestas o párrafos completos, solo ayudarte con tus notas.

⚠ **¡Atención!** Te recordamos que durante el examen está **prohibido el uso de diccionarios** o de cualquier dispositivo electrónico.

¿Qué preguntas crees que te va a hacer el entrevistador? Anótalas aquí.

....
....
....
....

¿Cómo podrías responderlas?

....
....
....
....

¿Qué vocabulario crees que puedes necesitar en esta tarea? Haz una pequeña lista.

....

....

....

....

• • • • • 🕐 ¿Cuánto tiempo has necesitado para **la preparación**? Anótalo aquí: _____ min.

ENTREVISTA

¡Atención! Para realizar esta prueba lo mejor es contar con la ayuda de un profesor, un hispanohablante o simplemente un compañero de clase de español. En ese caso, basta con que esa persona lea las preguntas de las tareas que están en el documento de transcripciones, accesible en la ***ELEteca***. Esas preguntas son parecidas a las del examen. Ten en cuenta que en realidad será una conversación más o menos espontánea, no se pueden prever las preguntas.

Tarea 1

¡Atención! En el examen te ofrecen la posibilidad de hablar de tú o de usted. En este modelo 1 de **El Cronómetro**, *nivel B1*, hemos elegido el **tuteo**. Vamos a alternar en los modelos de examen las formas de tú y usted para que practiques con las dos.

🕐 **Recuerda** que la duración de esta tarea es de **2 a 3 minutos**.

💿 **Pon la pista n.° 6**. Escucha las instrucciones y las preguntas, y responde. Usa el botón de ⏸ *PAUSA* para responder.
6

🎤 **Graba** tu exposición.

Tarea 2

💿 **Pon la pista n.° 7**. Escucha las instrucciones y las preguntas, y responde.
7

¡Atención! Usa el botón de ⏸ *PAUSA* para responder y vuelve a escuchar las preguntas que no entiendas bien.

🎤 **Graba** tus respuestas.

🕐 **Recuerda** que la duración de esta tarea es de **3 a 4 minutos**.

Tarea 3

¡Atención! Recuerda que esta tarea no la preparas. Escucha y lee las instrucciones y empieza a interactuar con el examinador a partir de las preguntas que vas a oír.

💿 **Pon la pista n.° 8 antes de ver la fotografía**. Escucha las instrucciones y las preguntas, y responde. Usa el botón de
8 ⏸ *PAUSA* para responder o para volver a escuchar las preguntas.

🕐 La duración de esta tarea es de **2 a 3 minutos**, de los que 1-2 son para la descripción de la fotografía.

Expresión e Interacción orales

Modelo de examen n.º 1

INSTRUCCIONES

Describa con detalle lo que ve en la foto y lo que imagina que está ocurriendo.

Estos son algunos aspectos que puede comentar:

- Las personas: dónde están, cómo son, qué hacen.
- ¿Cómo cree que se sienten?
- ¿Qué relación cree que existe entre estas personas?
- El lugar en el que se encuentran: cómo es.
- Los objetos: qué objetos hay, dónde están, cómo son.
- ¿Qué cree que están haciendo en ese lugar?

Posteriormente, el entrevistador le hará algunas preguntas.

🎤 **Graba** tu descripción de la fotografía.

💿 **Pon la pista n.º 9.** Escucha las instrucciones y las preguntas, y responde. Usa el botón de ⏸ PAUSA para responder.

🎤 **Graba** tus respuestas.

Tarea 4

❗ **¡Atención!** Recuerda que esta tarea tampoco la preparas. Tienes que escuchar y leer las instrucciones y empezar a interactuar con el examinador a partir de las preguntas que vas a oír.

💿 **Pon la pista n.º 10.** Escucha las instrucciones y las preguntas, y responde. Usa el botón de ⏸ PAUSA para responder o para volver a escuchar las preguntas que no entiendas bien.

🎤 **Graba** tus respuestas.

🕐 La duración de esta tarea es de **2 a 3 minutos**.

INSTRUCCIONES

Usted recibe la visita de un/a amigo/a con mucho interés en hacer compras en su ciudad. Su amigo/a necesita algunas recomendaciones.

El examinador será su amigo. Hable con él/ella siguiendo estas indicaciones:

Durante la conversación con su amigo/amiga usted debe:

- Preguntarle qué tipo de productos quiere comprar.
- Indicarle cuáles son los lugares más adecuados.
- Explicarle cómo llegar a esos lugares.
- Recomendarle lo que debe hacer y no debe hacer en esos lugares.

El Cronómetro ■ Manual de preparación del DELE. Nivel B1

CLAVES

Antes de empezar la prueba de Expresión e Interacción orales. 1. 4 tareas; **2.** La prueba dura 15 minutos. Si en alguna tarea no cumples el tiempo establecido, el examinador podrá completarlo con preguntas extras; **3.** Las tareas que se proponen son diferentes. En la tarea 1 hay que realizar una exposición. En las tareas 2 y 4 tienes que interactuar con el entrevistador. En la tarea 3, primero hay que describir una foto y luego conversar sobre ella; **4.** Antes de la entrevista hay 15 minutos para preparar las tareas 1 y 2; **5.** Antes de la entrevista, lees las instrucciones de la prueba y las láminas de las tareas 1 y 2; **6.** La prueba es individual. No tienes que hablar con otros candidatos. En la sala, como has visto en el dibujo, hay dos examinadores, pero hablas solo con uno de ellos, el entrevistador. El otro se ocupa de hacer la evaluación; **7.** El acento que tengas no es importante, pero sí la pronunciación: tiene que ser clara y comprensible. Si tu acento muestra tu idioma materno, o tienes acento de Argentina, España o Perú, no influye en la nota. Por otro lado, los examinadores son profesionales de la enseñanza de español, pero no tienen que ser nativos, y muchas veces viven en la misma ciudad que tú; **8.** En el examen te ofrecen la posibilidad de hablar de tú o de usted; **9.** La prueba no se graba. En la sala está el evaluador, que escucha lo que dices y en el momento hace la evaluación; **10.** No. Hay diferentes temas de conversación relacionados con los ámbitos personal y público. Así pues, describiremos experiencias e imágenes, formularemos deseos o conversaremos sobre necesidades cotidianas o intereses. Los temas de las tareas 1 y 2 están relacionados entre sí. Los de las tareas 3 y 4, también lo están. Ten en cuenta lo que hemos visto en la introducción de la prueba de Comprensión lectora en relación con los ámbitos (página 8); **11.** No. Los examinadores no pueden decirte nada sobre el resultado de la entrevista.

🔊 Escucha tus intervenciones en cada prueba. Marca con una ✓ donde corresponda.

¿Cómo te ha ido esta prueba?	Tarea 1	Tarea 2	Tarea 3	Tarea 4
La preparación de las tareas ha sido muy útil.				
He entendido sin problemas la situación planteada.				
He podido expresar con claridad mi opinión sobre el tema.				
He usado el tiempo disponible para realizar las tareas.				
Aunque me he bloqueado, he podido desarrollar mis ideas.				
He entendido bien las preguntas del entrevistador.				
He tenido una pronunciación clara.				
No he cometido errores graves de gramática.				
No he cometido errores graves de vocabulario.				
No me ha faltado vocabulario.				
Nivel de estrés (de 1 –mínimo– a 5 –máximo–).				

PRUEBA 4. EXPRESIÓN E INTERACCIÓN ORALES

¿Qué puedes hacer para mejorar tus resultados la próxima vez? Anota aquí tu comentario.

....
....

DELE B1
Modelo de examen n.° 2

- **PRUEBA 1. COMPRENSIÓN DE LECTURA** — 70 min.
- **PRUEBA 2. COMPRENSIÓN AUDITIVA** — 40 min.
- **PRUEBA 3. EXPRESIÓN E INTERACCIÓN ESCRITAS** — 60 min.
- **PRUEBA 4. EXPRESIÓN E INTERACCIÓN ORALES** — 15 min. + 15 min.

Claves, comentarios y consejos.

Las actividades previas de cada prueba tienen como objetivo que conozcas los textos de las pruebas 1 y 2, así como las láminas y materiales de las pruebas 3 y 4. En las claves puedes encontrar comentarios que proceden del análisis que hemos hecho de los materiales que ha publicado el *Instituto Cervantes* en su página web.

● ● ● ● ● No olvides medir siempre el **tiempo** que necesitas en cada tarea.

Edinumen — El Cronómetro, manual de preparación del DELE. Nivel B1

Prueba 1: Comprensión de lectura

• • • • • **Antes de empezar la prueba de Comprensión de lectura.**

Aquí tienes fragmentos de textos procedentes del ejemplo de examen que ofrece el *Instituto Cervantes* en su página web. Señala a qué tarea del examen corresponden. Ten en cuenta la tabla de la página 8.

	FRAGMENTOS DE TEXTOS	TAREA 1	TAREA 2	TAREA 3	TAREA 4	TAREA 5
1.	*Me encantan los culebrones que ponen después de comer. Aunque la gente diga que este tipo de series...*					
2.	EL MISTERIO DE LAS JOYAS DE CONCHA					
3.	*Debía decorar el salón para el cumpleaños de mi hijo pequeño, pero mi presupuesto era bajo y no resultaba fácil.*					
4.	DAVID					
5.	LA HISTORIA DE LA @ (ARROBA)					
6.	*Para la decoración, rechacé la idea de usar globos, que a menudo explotan antes de que finalice la fiesta.*					
7.	**Redes** *En el próximo capítulo Vlatko Vedral, físico de la Universidad de Oxford, explicará a Eduard Punset cómo...*					
8.	*La semana pasada _____25_____ haciendo un curso de formación...*					
9.	**19.**_____. *En cuanto al símbolo @, esa especie de «a» encerrada en un círculo, se sabe que tiene sus orígenes en la Edad Media.*					
10.	(Adaptado de www.eluniversal.com.mx., México)					
11.	*Por ejemplo, contraté a unos payasos que lograron entretener un buen rato a los niños.*					
12.	¿_____28_____ planes tenés para las vacaciones?					
13.	*El arqueólogo Adrián Velázquez Castro busca desde hace quince años las huellas de las herramientas empleadas...*					
14.	*Un beso enorme, Mariana.*					
15.	*Tiene sentido, ya que en inglés «@» se dice «at», que significa 'a' (y también 'en', 'de' y 'hacia').* **23.**_____.					

Fuente: *Instituto Cervantes.*

⚠ **¡Atención!** Comprueba tus respuestas en las **claves** de este modelo (pág. 42).

¡Ya puedes empezar esta prueba!

Prueba 1: Comprensión de lectura

• • • • • 🕐 **Pon el reloj** al principio de cada tarea.

La prueba de **Comprensión de lectura** contiene **5 tareas**. Usted tiene que responder a **30 preguntas**.

Duración: **70 minutos**. Marque sus opciones en la **Hoja de respuestas**.

Tarea 1

INSTRUCCIONES

Usted va a leer seis textos en los que unas personas hablan del tipo de cine que les gusta y diez textos que informan sobre las películas de una cartelera de un cine. Relacione a las personas (1-6) con los textos que informan de las películas (A-J). HAY TRES TEXTOS QUE NO DEBE RELACIONAR. Marque las opciones elegidas en la **Hoja de respuestas**.

	PERSONA	TEXTO
0.	ADRIÁN	C
1.	JAVIER	
2.	SAMANTA	
3.	EDURNE	
4.	ÁNGEL	
5.	MARÍA	
6.	MANUEL	

0. ADRIÁN: Desde pequeño me encantan las historias de aventuras de superhéroes, no me pierdo ninguna nueva aventura que me recuerde a mi infancia.

1. JAVIER: Soy un gran aficionado a la ciencia ficción. Me gusta pensar cómo sería el mundo si hubiera una gran catástrofe o si todo cambiara de repente.

2. SAMANTA: Creo que el cine es una expresión cultural, odio las películas de Hollywood. Solo veo películas con premios internacionales, sin doblar y que me hagan pensar.

3. EDURNE: Voy al cine para divertirme. Odio las películas aburridas o lentas. Me gustan las películas rápidas en las que hay mucha acción, bombas, accidentes…

4. ÁNGEL: Me encanta llorar en el cine con historias que tratan de alguna época del pasado. También me gustan las películas románticas.

5. MARÍA: Voy al cine a pasármelo bien, a reír y olvidarme de mis problemas. También me gusta ver películas en alguna lengua extranjera, es una forma muy divertida de aprender.

6. MANUEL: Me encanta pasar miedo. Mis películas favoritas son las que tienen mucha sangre en la pantalla y sus protagonistas gritan y mueren. Mi novia dice que no soy normal.

CARTELERA

A — *El camino de vuelta*
Película de aventuras en la que dos soldados regresan a casa después de la guerra. Pierden a sus compañeros y tienen que cruzar en coche todo el frente entre explosiones, persecuciones y muchos peligros.

B — *En prácticas*
Michael Livingston dirige "En prácticas", una comedia en la que dos cuarentones en paro deciden presentarse a becarios en una multinacional y empezar de nuevo. La locura comienza cuando empiezan a competir para conseguir el puesto con jóvenes de 22 años, con mucha más formación en el mundo digital que ellos.

C — *El superhombre*
En "El superhombre", un niño descubre que tiene poderes extraordinarios y que no es de este planeta. Durante su juventud, viaja para descubrir sus orígenes y las razones por las que ha sido enviado a la Tierra. Tendrá que salvar al mundo y convertirse en el símbolo de esperanza para la humanidad.

D — *El origen*
Película de animación en 3D. Cuando estos dos monstruos se conocieron no podían soportarse el uno al otro. Cuenta el origen de los dos famosos monstruos Mik y Sally. Descubriremos cómo se conocieron y las dificultades que tuvieron al principio de su relación hasta hacerse grandes amigos.

E — *La batalla*
La guerra civil española es el escenario de esta triste historia basada en hechos reales. Jorge vive en un pequeño pueblo del norte de España atacado por las tropas de Franco. Su novia tiene que huir del pueblo con el bebé de ambos y él deberá luchar contra los dos bandos para salvar su amor.

F — *El final de todo*
"El final de todo" es un *thriller* apocalíptico contemporáneo. Año 2020, una misteriosa enfermedad se propaga por el planeta y la población no puede salir de los edificios. Miguel, el protagonista, tiene que encontrar una solución. Una caótica México D.F. se convertirá en el centro de su búsqueda.

G — *La voz de la muerte*
Nueva versión de la película de terror de 1970 dirigida por Peter Richald. Moni es una pobre muchacha con grandes problemas familiares. Se va con tres amigos a la montaña para intentar olvidarlos. Sin embargo, allí descubren un libro maldito que les abre las puertas de un mundo lleno de seres horribles.

H — *Así son ellos*
Premio de la crítica del Festival de Cannes. El director francés Charles Drouffeau vuelve a sorprendernos con una película íntima y delicada sobre los sentimientos de un adolescente contra una sociedad demasiado estricta. Cuando crece descubre que ya no piensa como sus padres pero tampoco como su hijo. V.O.S.

I — *Mi madre es tu padre*
Comedia loca en la que las relaciones de pareja nos hacen reflexionar sobre el papel de la familia en la sociedad moderna. Baltasar y Mónica deciden casarse y unir sus dos familias con cuatro hijos en total. Los problemas llegarán con la visita de los abuelos y sus historias del pasado. V.O.S.

J — *Siempre será domingo*
Tras su divorcio, François decide empezar un viaje para decidir su futuro. En los Pirineos conocerá a Julia, una bella chica que trabaja en una granja. Un caluroso domingo, con la música de la orquesta del pueblo comienzan una bonita historia de amor que se complica con la vuelta de su marido. V.O.S.

• • • • • 🕐 ¿Cuánto tiempo has necesitado para **esta tarea**? Anótalo aquí: _____ y vuelve a poner el reloj.

Comprensión de lectura

Tarea 2

INSTRUCCIONES

*Usted va a leer un texto sobre una festividad mexicana. Después, debe contestar a las preguntas (7-12). Seleccione la respuesta correcta (a / b / c). Marque las opciones elegidas en la **Hoja de respuestas**.*

EL DIA DE MUERTOS

El Día de Muertos es una celebración mexicana que tiene lugar el 1 y el 2 de noviembre, coincidiendo con las celebraciones católicas de Todos los Santos y Día de los Fieles Difuntos, respectivamente.

Se celebra también en algunos países de América Central, así como en muchas comunidades de los Estados Unidos, donde existe una gran población mexicana y centroamericana. La Unesco ha declarado la festividad mexicana como Patrimonio Cultural Inmaterial de la Humanidad. Existe en Brasil una celebración similar conocida como *Dia dos Finados*, aunque esta festividad no tiene las mismas raíces prehispánicas que la festividad mexicana.

Los orígenes de esta celebración en México se sitúan en la época de los indígenas de Mesoamérica, tales como los aztecas, mayas y nahuas. Los aztecas creían que las almas continuaban viviendo en un lugar llamado Mictlán o Lugar de la Muerte. Se trataba del lugar ideal para descansar hasta el día en que podían abandonarlo y regresar a visitar a sus parientes vivos. Estos los ayudaban esparciendo flores aromáticas, guiándoles así hasta sus antiguos hogares.

Los indígenas mesoamericanos dedicaban a sus muertos el noveno y décimo mes del calendario azteca. El noveno mes comenzaba el 5 de agosto y era llamado *Tlaxcochimaco*, que significa *tierra florida*. Ese día comenzaba la fiesta dedicada a los niños y que duraba los 20 días del mes. En el décimo mes o *Xoco Huetzo*, que significa *fruta madura*, del 25 de agosto al 14 de septiembre, hacían la fiesta de los muertos adultos.

Cuando los conquistadores llegaron a México en el siglo XV, hicieron coincidir estas celebraciones con las festividades católicas, creando así el Día de Muertos. Se cree desde entonces que las almas de los niños regresan de visita el día primero de noviembre, y las almas de los adultos el día 2. Durante esos días, las familias decoran las tumbas con coronas de rosas, girasoles, entre otras, pero principalmente de una flor llamada *Cempaxóchitl*, o "Flor de muerto" que se cree que atraen a las almas de los muertos.

En el caso de que no se pueda visitar la tumba, ya sea porque ya no existe, o porque la familia está muy lejos de ella, en las casas se montan los llamados "altares de muertos" u "ofrendas", en los que deben incluirse los cuatro elementos de la naturaleza: tierra, aire, agua y fuego. Hay quienes, además, colocan cuatro velas que indican los cuatro puntos cardinales. Junto a los retratos de los fallecidos les colocan cosas a modo de ofrenda como platillos de comida, el "Pan de muerto", vasos de agua, mezcal o tequila, cigarros e incluso juguetes para las almas de los niños.

(Adaptado de *Wikipedia, la enciclopedia libre* y de www.radiocentro.com.mx, México)

PREGUNTAS

7. Según el texto, la diferencia entre la celebración de Brasil y la de México es…

   a) únicamente el nombre.
   b) el origen.
   c) el significado.

8. En el texto se dice que los familiares de los difuntos…

   a) visitaban a sus padres muertos.
   b) ayudaban a los muertos a llegar a su anterior casa.
   c) plantaban flores.

9. Según el texto, en las culturas prehispánicas…

   a) las celebraciones tenían lugar en los meses de septiembre y octubre.
   b) creían que las almas no morían.
   c) el mes de *Tlaxcochimaco* duraba veinte días.

10. Según el texto, los españoles…

    a) tuvieron que cambiar la fecha de la celebración.
    b) prohibieron la celebración.
    c) adaptaron la celebración al catolicismo.

11. En el texto se dice de los altares que…

    a) se montan en las tumbas.
    b) en ellos se les ofrece a los muertos comida y bebida.
    c) se adornan con velas que representan los cuatro elementos de la naturaleza.

12. En el texto se dice que los parientes…

    a) decoran las tumbas únicamente con "Flores de muerto".
    b) visitan siempre las tumbas.
    c) ponen cosas al lado de los retratos de sus seres queridos.

• • • • • 🕐 ¿Cuánto tiempo has necesitado para **esta tarea**? Anótalo aquí: _____ y vuelve a poner el reloj.

Tarea 3

INSTRUCCIONES

Usted va a leer las anécdotas de tres personas sobre hoteles en un foro de Internet. Relacione las preguntas (13-18) con los textos (A, B o C). Marque las opciones elegidas en la **Hoja de respuestas**.

PREGUNTAS

		A. SONIA	B. VERÓNICA	C. LUIS
13.	¿Qué persona dice que viajó por trabajo?			
14.	¿Qué persona cuenta una mala experiencia?			
15.	¿Qué persona dice que se equivocó de habitación?			
16.	¿Qué persona dice que tuvo hambre?			
17.	¿Qué persona dice que solo buscaba fiesta?			
18.	¿Qué persona dice que se enfadó con quién creía que era su compañero?			

Comprensión de lectura

A. SONIA

Hola a tod@s. Cuando mi pareja y yo estábamos en la habitación del hotel, me apeteció comer algo dulce y decidí bajar a comprar algo.

Tardé unos diez minutos en regresar y llamé a la puerta. Él respondió "¿quién?" y yo le dije "abre", pero él volvió a preguntar. "¡Ah!, ¿no sabes quién soy?", le dije enfadada. Seguí llamando con más fuerza. "¿Me vas a abrir o no?", le grité pensando que él estaba con otra. Empecé a golpear la puerta con fuerza y a insultarlo. Cuando abrió, vi a una mujer casi sin ropa escondiéndose debajo de la cama y a un hombre totalmente desnudo que se escondía tras la puerta. Me quedé pálida: "Lo siento, me he confundido de habitación".

B. VERÓNICA

He estado alojada más de 10 días, por unas reuniones, en un hotel de bastante nivel en Londres. Dejé una cantidad de efectivo en euros dentro de una cartera dentro del armario, en la parte superior y, dos días después, cuando fui a mirar ¡estaba todo dentro menos el dinero! Me quedé de piedra. Además del robo, es como si hubieran invadido mi intimidad. Imagina las ganas de volver que te quedan después de eso y cómo te sientes. Lo peor es que el hotel no me ha pedido disculpas ni me ha devuelto el dinero... Muy triste la verdad, ¡después de tener que pagar una factura de más de 2000 libras!

C. LUIS

Me gusta mucho el foro, espero que os interese mi historia también.

Recuerdo cuando fui de viaje de fin de curso con la clase a Italia. Lo menos importante eran los hoteles o los museos. Teníamos unos diecisiete años y queríamos pasarlo bien. Una noche mientras las profesoras dormían fuimos todos a una habitación. Empezamos a beber y a reírnos intentando no hacer mucho ruido. Poco después llamaron a la puerta, era una de las profesoras. Todos corrimos a escondernos donde pudimos. En el balcón, debajo de la cama, en la ducha... A mí me descubrió en la ducha, pero peor fue cuando empezamos a salir unas treinta personas de la habitación. ¡Jajaja! ¡Todavía recuerdo su cara!

(Adaptado de *http://es.answers.yahoo.com* y *http://www.tripadvisor.es/*, España)

• • • • • 🕐 ¿Cuánto tiempo has necesitado para **esta tarea**? Anótalo aquí: _____ y vuelve a poner el reloj.

Tarea 4

INSTRUCCIONES

Lea el siguiente texto, del que se han extraído seis fragmentos. A continuación lea los ocho fragmentos propuestos (A-H) y decida en qué lugar del texto (19-24) hay que colocar cada uno de ellos. HAY DOS FRAGMENTOS QUE NO TIENE QUE ELEGIR. Marque las opciones elegidas en la **Hoja de respuestas**.

LA CANCIÓN MÁS FÁCIL DE CANTAR

¿Qué hace que una canción sea más pegadiza que otra y que tenga más éxito? ¿Qué provoca que cantemos repetidamente ciertas estrofas de una canción? Psicólogos y expertos en música de varias universidades británicas y estadounidenses han descifrado el enigma y dado con las claves de las más pegadizas de la historia. **19.** _____.

Modelo de examen n.º 2

Según concluye el estudio, dirigido por el musicólogo Alisun Pawley y el psicólogo Daniel Mullensiefen, la canción más pegadiza y, por tanto, la más susceptible de ser cantada a la vez que suena por la gente es *We Are The Champions* de Queen, un clásico de 1977. **20.** _____. En la lista de las diez canciones más pegadizas, se sitúa en tercera posición *Fat Lip* de Sum 41, seguida de *The Final Countdown* de Europe.

Seguramente en esta selección no estén todas las canciones que a usted le guste cantar. **21.** _____. ¿Quién puede olvidar grandes éxitos como *La Macarena* o el *Aserejé*? Otros recordarán canciones de The Beatles, baladas italianas o sonidos veraniegos que nos hicieron bailar.

La mayoría de nosotros nos hemos cantado en grupo alguna de estas canciones aunque no supiéramos su letra. **22.** _____.

El análisis de los expertos revela que hay cuatro elementos clave que hacen de una canción la más pegadiza y la más 'tarareable'. **23.** _____. En segundo lugar, cuanto mayor es el número de sonidos y matices que se introducen en el coro, más pegadiza será la canción. En tercer lugar, las canciones con voces agudas de hombre y grandes esfuerzos vocales indicarían mayores dosis de energía. **24.** _____. Acompañar al cantante puede ser, según los investigadores, una especie de grito de guerra subconsciente, por lo que cantar junto a un hombre podría despertar una parte tribal de nuestro ser humano primitivo o tribal que se dirige hacia una batalla.

(Adaptado de *www.muyinteresante.es*, España)

FRAGMENTOS

A. En primer lugar, el aire que tome el cantante para cantar los versos de la canción, de tal manera que cuanto más largo es el tiempo que sostiene las palabras, más fácil es que nosotros cantemos con él.

B. Pero, comencemos por el principio, ¿cuáles son estas canciones?

C. Por último, el sexo del vocalista también influye.

D. Por ejemplo, desde niños ya cantamos canciones en la escuela y ese recuerdo nos acompaña el resto de la vida.

E. El citado estudio, realizado por expertos de habla inglesa, no tiene en cuenta canciones en otras lenguas que, sin duda, se echan de menos.

F. Después de esta aparece otro "himno": Y.M.C.A., de los Village People.

G. Desde entonces los expertos comenzaron a preguntar a la gente sobre las canciones que más veces habían cantado.

H. Pero, ¿por qué sucede esto? ¿Qué elementos son importantes para que sea más fácil cantar una canción que otra?

● ● ● ● ● 🕐 ¿Cuánto tiempo has necesitado para **esta tarea**? Anótalo aquí: _____ y vuelve a poner el reloj.

Comprensión de lectura

Tarea 5

INSTRUCCIONES

Lea el texto y rellene los huecos (25-30) con la opción correcta (a / b / c). Marque las opciones elegidas en la **Hoja de respuestas**.

Querida, tía:

Te envío esta carta desde Costa Rica. Todo es maravilloso por aquí: ____25____ muy buen tiempo, la gente es muy agradable y los paisajes son maravillosos.

¿Cómo os va todo por el pueblo? Me ____26____ mi madre que el tío está mejor, ¡espero que se recupere del todo! Todavía tengo que quedarme un par de meses más aquí ____27____ el trabajo pero en cuanto tenga tiempo iré a visitaros. Aquí todo es tan tranquilo y mi vida es tan relajada que incluso ¡____28____ fumar! En Madrid siempre estaba estresada y tenía que tomar pastillas para dormir. Aquí duermo perfectamente y siempre estoy de buen humor. La gente siempre sonríe y ____29____ muy educada.

Ayer fui a comprar muchos regalos para vosotros, dentro de dos meses estaré de vuelta. Quiero que me cuentes cómo estáis, ¡____30____ pronto!

Muchos besos para mi tía preferida,

Luz

OPCIONES

25. a) está   b) hace   c) es
26. a) decía   b) dice   c) había dicho
27. a) por   b) para   c) del
28. a) he dejado de b) he empezado a c) sigo
29. a) está   b) tiene   c) es
30. a) escríbeme   b) me escribas   c) escríbame

• • • • • ¿Cuánto tiempo has necesitado para **esta tarea**? Anótalo aquí: _____ min.

CLAVES

Antes de empezar la prueba de Comprensión de lectura.

Tarea 1: 1, 4, 7; **Tarea 2:** 2, 10, 13; **Tarea 3:** 3, 6, 11; **Tarea 4:** 5, 9, 15; **Tarea 5:** 8, 12, 14.

! Comentarios. Vuelve a leer los fragmentos de la tabla de la página n.º 34 antes de leer estos comentarios.

Tarea 1. Hay siempre dos tipos de textos: unos son informativos, y los otros son opiniones o necesidades personales de personas concretas. Los verbos están sobre todo en presente. Hay vocabulario específico del tema (la televisión, el cine, el teatro, etc.). No se indica de dónde son los textos, pero suelen ser de España, aunque puede aparecer alguna persona de otro país de habla hispana. En total tienen más palabras que las otras tareas.

Tarea 2. Es un artículo periodístico informativo. Puede ser de cualquier país de habla hispana, y son textos reales (aparece la fuente). Las frases son más largas y más complejas. Puede haber más verbos en pasado y vocabulario específico.

Tarea 3. Son textos cortos que cuentan experiencias personales. Como en la tarea 1, aparecen los nombres de las personas. Las frases no son muy largas, los verbos están sobre todo en pasado. No se necesita un vocabulario específico. Los temas son generales de la vida cotidiana.

Tarea 4. Es también un artículo periodístico procedente de cualquier país de habla hispana, pero además de dar información puede tener opiniones e ideas. Es menos descriptivo y menos narrativo que el de la tarea 2, porque lo importante es la estructura del texto. Aparece la fuente, pues es un texto real adaptado.

Tarea 5. Es el texto más corto. Es un texto personal dirigido a otra persona. Las frases son más sencillas y los verbos pueden estar en presente de indicativo o de subjuntivo, en condicional o en imperativo.

1 F	2 H	3 A	4 E	5 I	6 G	7 B	8 B	9 C	10 C
11 B	12 C	13 B	14 B	15 A	16 A	17 C	18 A	19 B	20 F
21 E	22 H	23 A	24 C	25 B	26 B	27 A	28 A	29 C	30 A

¿Qué dificultades has tenido y dónde?	Tarea 1	Tarea 2	Tarea 3	Tarea 4	Tarea 5
Respuestas correctas.					
🕐 Tiempo utilizado en cada tarea.					
No estoy familiarizado con el tipo de texto.					
No conocía el vocabulario general del tema.					
No conocía algunas palabras concretas.					
Me ha desorientado el tipo de tarea.					
No he entendido bien la relación entre la frase o la pregunta y el texto.					
La cantidad de información me ha desorientado.					
No he tenido tiempo para hacer bien la tarea.					
Nivel de estrés (de 1 –mínimo– a 5 –máximo–).					

¿Qué puedes hacer para mejorar tus resultados la próxima vez? Anota aquí tu comentario.

PRUEBA 1 COMPRENSIÓN DE LECTURA

Prueba 2: Comprensión auditiva

●●●●● **Antes de empezar la prueba de Comprensión auditiva.**

Aquí tienes fragmentos de textos de audiciones procedentes del ejemplo de examen que ofrece el *Instituto Cervantes* en su página web. Señala de qué tarea del examen son. Ten en cuenta la información de la página 17.

	FRAGMENTOS DE TEXTOS	TAREA 1	TAREA 2	TAREA 3	TAREA 4	TAREA 5
1.	*Buenos días, este mensaje es para Claudia Ríos. La llamamos de la empresa Conecta.*					
2.	*Me llamo Juli y soy argentina. Llevo trece años en España.*					
3.	*La empresa Tecnova, dedicada desde su creación, hace tres años, a importar motocicletas y camiones eléctricos, decidió ampliar su negocio y ...*					
4.	*Pues hice la carrera en Valencia y fue una época maravillosa. Allí empecé a salir con Nuria, que hoy es mi esposa.*					
5.	HOMBRE: *¡Vaya, Bea, qué sorpresa! No te esperaba. Como dijiste que me llamarías antes de venir... ¿A qué se debe tu visita?*					
6.	*(Adaptado de www.rtve.es, España)*					
7.	*Pues yo empecé Derecho en Salamanca. Mis padres querían tener un abogado en la familia, pero...*					
8.	MUJER: *La verdad es que he venido para contarte una noticia de Ana.*					
9.	*Hola Carlos, soy Paz. Te llamo por lo del viaje. A ver...*					
10.	HOMBRE: *¿Sí? ¿Le han ofrecido un trabajo mejor?*					
11.	*El Atlético Nacional se mantiene como líder de la liga colombiana de fútbol tras derrotar ayer al Medellín...*					
12.	*El servicio meteorológico pronostica pocas nubes para hoy en Bogotá.*					
13.	*¡Uf, hace tanto tiempo! Fíjese que entonces las chicas no podíamos participar en ...*					
14.	*Mi hijo tiene tres años. Hasta los seis meses de embarazo estuve esquiando.*					
15.	*Hola, Cristina, soy Roberto. Seguro que has estado buscando por toda la casa tu agenda.*					

Fuente: *Instituto Cervantes.*

¡Atención! Comprueba tus respuestas en las **claves** de este modelo (pág. 48).

¡Ya puedes empezar esta prueba!

Prueba 2: Comprensión auditiva

11-15 Pon las **pistas n.° 11 a la 15.** No uses el botón de ⏸ *PAUSA* en ningún momento. Sigue todas las instrucciones que escuches.

La prueba de **Comprensión auditiva** contiene **5 tareas**. Usted tiene que responder a **30 preguntas**. Marque sus opciones en la **Hoja de respuestas**.

🕐 Duración aproximada: **40 minutos**.

Tarea 1

INSTRUCCIONES

Usted va a escuchar seis mensajes de contestador automático. Escuchará cada mensaje dos veces. Después debe contestar a las preguntas (1 - 6). Seleccione la opción correcta (a / b / c). Marque las opciones elegidas en la **Hoja de respuestas**.

🕐 Tiene **30 segundos** para leer las preguntas.

PREGUNTAS

Mensaje número 1

1. ¿Qué pasa este sábado en el cine Arenal?
   a) Empieza la venta de telebutacas.
   b) Aparecerá la nueva página web.
   c) Habrá un espectáculo para niños.

Mensaje número 2

2. ¿Hasta cuándo no atienden en la consulta en este médico?
   a) Hasta el día siete.
   b) Hasta mitad del mes.
   c) Hasta nuevo aviso.

Mensaje número 3

3. ¿Qué número tengo que pulsar para cambiar de idioma?
   a) El uno.
   b) El 900 300 200 140.
   c) No se dice.

Mensaje número 4

4. ¿Qué puedo hacer para conseguir información de la estación?
   a) Ir a la estación.
   b) Esperar.
   c) Pagar 45 céntimos de euro.

Mensaje número 5

5. ¿Cómo puedo localizar a Laura?
   a) Llamando a Lario.
   b) Dejando un mensaje.
   c) Llamándola a su otro número.

Mensaje número 6

6. ¿Cómo me confirman que tengo una mesa reservada?
   a) Me mandan un SMS.
   b) Me llaman por teléfono.
   c) Tengo que ir el lunes al restaurante.

Comprensión auditiva

Tarea 2

INSTRUCCIONES

Usted va a escuchar un fragmento del programa «Españoles en el mundo» en el que Juan Bouza, un emigrante español, cuenta cómo es su vida. Escuchará la audición dos veces. Después debe contestar a las preguntas (7-12). Seleccione la respuesta correcta (a / b / c). Marque las opciones elegidas en la **Hoja de respuestas**.

Tiene **30 segundos** para leer las preguntas.

PREGUNTAS

7. En la audición Juan Bouza dice que es...

    a) una persona muy luchadora.
    b) un gallego nacionalista.
    c) un anciano que ya no trabaja.

8. Según la grabación, la bodega Bouza la fundó...

    a) para ayudar a su hijo.
    b) no fue una decisión fácil.
    c) gracias a la calidad de la uva uruguaya.

9. Con respecto a su decisión de emigrar, Juan dice que...

    a) lo hizo para no tomar vino.
    b) no fue una decisión fácil.
    c) la causa era la pobreza del país.

10. Al llegar al Uruguay Juan pensaba que...

    a) en la basura había más comida que en su casa.
    b) podría regresar pronto.
    c) no podía regresar con las manos vacías.

11. Según la grabación, la primera vez que regresó a Galicia...

    a) no encontró lo que esperaba.
    b) se encontró con su madre por la calle.
    c) vio que había perdido la esencia.

12. Respecto a su situación actual en el Uruguay dice que...

    a) sigue echando de menos las raíces que dejó.
    b) no la cambia por Galicia.
    c) espera llegar a ver la tercera generación.

Tarea 3

INSTRUCCIONES

Usted va a escuchar seis noticias de un programa radiofónico chileno. Escuchará el programa dos veces. Después debe contestar a las preguntas (13-18). Seleccione la respuesta correcta (a / b / c). Marque las opciones elegidas en la **Hoja de respuestas**.

🕐 Tiene **35 segundos** para leer las preguntas.

PREGUNTAS

Noticia 1
13. El candidato ganador de las elecciones...
    a) ha obtenido más del 80% de los votos.
    b) todavía no se conoce con seguridad.
    c) supera en más de 20 puntos al segundo.

Noticia 2
14. El joven de 27 años encontrado en los Andes murió...
    a) debido a la nieve que le cayó encima.
    b) a causa del tiempo que tardó en llegar el equipo de rescate.
    c) porque los carabineros y el equipo de rescate no se organizaron bien.

Noticia 3
15. Alberto Plaza es un cantante chileno que...
    a) interpreta todo tipo de temas, propios y ajenos.
    b) ha grabado un nuevo disco.
    c) desearía mudarse a los Estados Unidos.

Noticia 4
16. El paro en Chile en los últimos meses...
    a) no ha sido aún registrado por el Instituto de Estadística.
    b) ha sufrido un aumento desde el último dato.
    c) no ha cambiado respecto al periodo anterior.

Noticia 5
17. A principios de julio en el Teatro Municipal se va a celebrar...
    a) el cumpleaños de Claudio Parra, miembro de Los Jaivas.
    b) un concierto a cargo de Claudio y Juanita Parra.
    c) un encuentro entre Los Jaivas y la Orquesta Sinfónica.

Noticia 6
18. La victoria del equipo brasileño es...
    a) una repetición de anteriores victorias.
    b) el resultado de una buena selección de jugadores.
    c) algo que querían conseguir desde hace tiempo.

Tarea 4

INSTRUCCIONES

Usted va a escuchar a seis personas que hablan de sus viajes. Escuchará a cada persona dos veces. Seleccione el enunciado (A-J) que corresponde al tema del que habla cada persona (19-24). Hay diez enunciados incluido el ejemplo. Seleccione solamente seis. Marque las opciones elegidas en la **Hoja de respuestas**.

Ahora escuche el ejemplo:

Persona 0 (Ejemplo)

La opción correcta es el enunciado F.

	A	B	C	D	E	F	G	H	I	J
0.	☐	☐	☐	☐	☐	■	☐	☐	☐	☐

🕐 Tiene **20 segundos** para leer los enunciados.

	ENUNCIADOS
A.	Le gustó todo menos el servicio recibido.
B.	Le alquilaron un coche demasiado caro.
C.	La primera vez le gustó, la siguiente fue muy difícil.
D.	No quería la devolución del dinero, solo un cambio.
E.	Piensa que le engañaron con un cálculo.
F.	Había olvidado renovar su pasaporte.
G.	El problema surgió cuando llegaron al hotel.
H.	Lo ha vivido con éxito varias veces en su vida.
I.	El problema no era el peso de las maletas.
J.	Puso todos los datos necesarios en el formulario.

	PERSONA	ENUNCIADO
	Persona 0	F
19.	Persona 1	
20.	Persona 2	
21.	Persona 3	
22.	Persona 4	
23.	Persona 5	
24.	Persona 6	

Tarea 5

INSTRUCCIONES

*Usted va a escuchar una conversación entre una empleada de una agencia inmobiliaria y un cliente. Indique si los enunciados (25-30) se refieren a la empleada (A), al cliente (B) o a ninguno de los dos (C). Escuchará la conversación dos veces. Marque las opciones elegidas en la **Hoja de respuestas**.*

Tiene **25 segundos** para leer los enunciados.

		A Empleada	B Cliente	C Ninguno de los dos
0.	Llama porque no tiene suficiente información.	☐	✓	☐
25.	Habla de un piso que sería suficientemente grande.	☐	☐	☐
26.	Se trata de un piso donde no ha vivido nadie antes.	☐	☐	☐
27.	No conoce el mobiliario del piso.	☐	☐	☐
28.	Le preocupan las condiciones térmicas que pueda tener.	☐	☐	☐
29.	Propone quedar al día siguiente para una visita al piso.	☐	☐	☐
30.	Propone hablar del precio durante la visita al piso.	☐	☐	☐

CLAVES

Antes de empezar la prueba de Comprensión auditiva.

Tarea 1: 1, 9, 15; **Tarea 2:** 2, 6, 14; **Tarea 3:** 3, 11, 12; **Tarea 4:** 4, 7, 13; **Tarea 5:** 5, 8, 10.

⚠ Comentarios. Vuelve a leer los fragmentos de la tabla de la página 43 antes de leer estos comentarios.

Tarea 1. Son textos breves grabados en algún dispositivo electrónico. Normalmente dan un mensaje práctico. Las frases son cortas y no muy complicadas. Cada mensaje tiene dos o tres elementos de información, por ejemplo alguien tiene un problema, o de acción, alguien tiene algo que hacer.

Tarea 2. Un texto más largo. Suelen ser testimonios en primera persona que proceden de cualquier país de habla hispana. Suelen tener una fuente concreta (un programa de radio o televisión). Las frases no son muy largas, y sobre todo se habla del pasado: hay más verbos en pasado que en la tarea anterior.

Tarea 3. Son también textos breves de temas diferentes. Como son noticias, el vocabulario puede ser más técnico, y más variado porque son noticias de temas diferentes. Proceden de cualquier país de habla hispana y tiene una fuente concreta (normalmente radio).

Tarea 4. Son textos de nuevo breves también en primera persona y también hablan sobre el pasado. Pueden ser de distintos países de habla hispana dentro de la misma tarea. Las frases pueden ser más largas y hay más verbos en pasado.

Tarea 5. Se trata de una conversación, entre amigos, o en una situación pública como una tienda o un hotel. Las frases son más cortas que en la tarea anterior, y durante la conversación se cambia de tema. No tiene que tener una fuente concreta, suelen ser diálogos creados para el examen.

1 C	2 B	3 A	4 B	5 B	6 A	7 A	8 B	9 C	10 C
11 A	12 B	13 B	14 A	15 B	16 C	17 B	18 C	19 A	20 D
21 H	22 E	23 J	24 I	25 B	26 C	27 B	28 B	29 A	30 A

¿Cómo te ha ido la prueba?

	Tarea 1	Tarea 2	Tarea 3	Tarea 4	Tarea 5
Respuestas correctas.					
No estoy familiarizado con el tipo de texto.					
No conozco el vocabulario general del tema.					
No conocía palabras concretas.					
El acento de los interlocutores me ha desorientado.					
La cantidad de información me ha desorientado.					
Las frases me parecían complicadas.					
La cantidad de intervenciones me ha desorientado.					
El lenguaje coloquial me ha desorientado.					
Nivel de estrés o cansancio (de 1 –mínimo– a 5 –máximo–).					

PRUEBA 2 COMPRENSIÓN AUDITIVA

¿Qué puedes hacer para mejorar tus resultados la próxima vez? Anota aquí tu comentario.

....

....

Prueba 3: Expresión e Interacción escritas

••••• **Antes de empezar la prueba de Expresión e Interacción escritas.**

Aquí tienes fragmentos del ejemplo de examen que ofrece el *Instituto Cervantes* en su página web. Señala a qué tarea del examen corresponden.

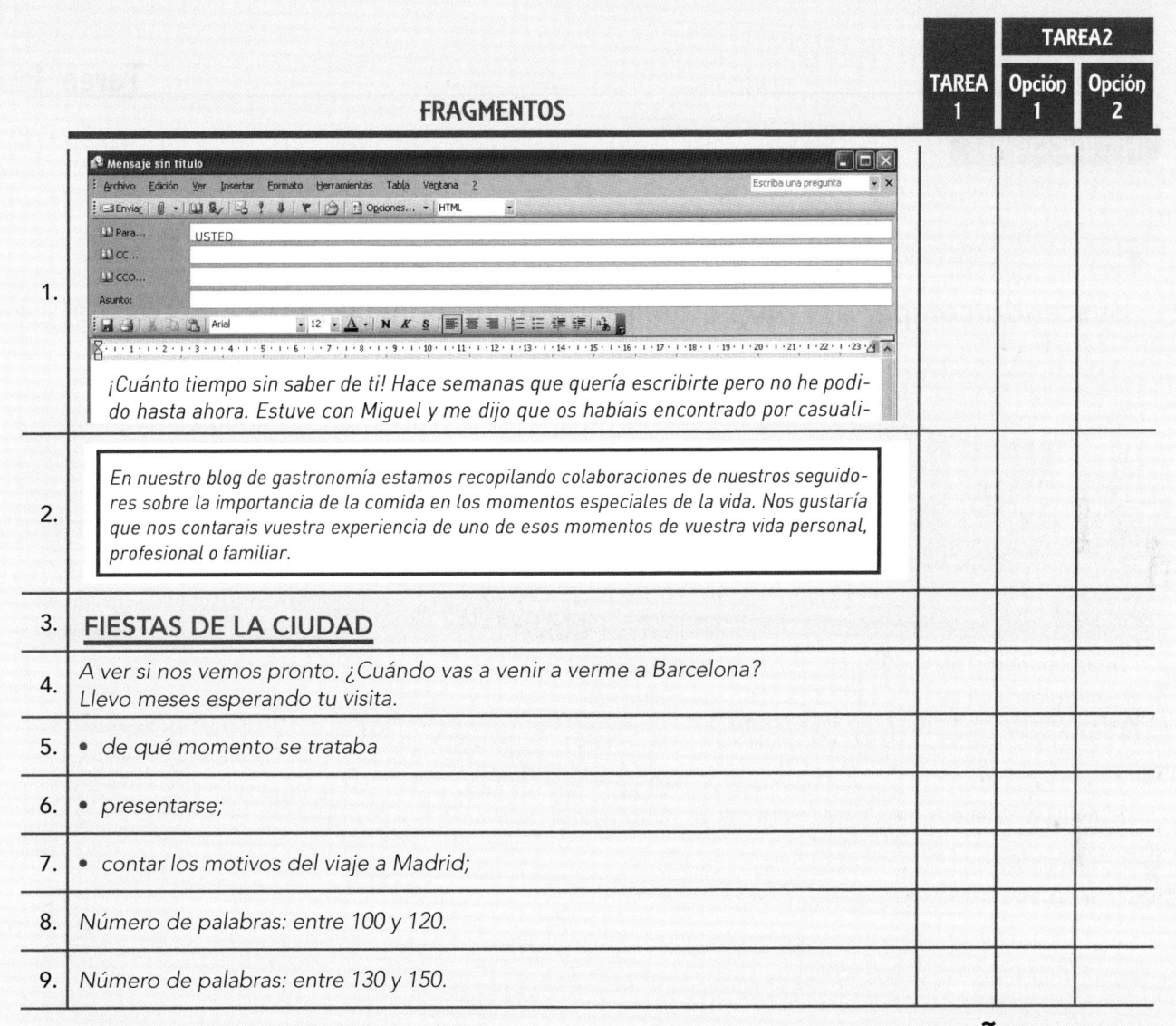

	FRAGMENTOS	TAREA 1	TAREA 2 Opción 1	TAREA 2 Opción 2
1.	*¡Cuánto tiempo sin saber de ti! Hace semanas que quería escribirte pero no he podido hasta ahora. Estuve con Miguel y me dijo que os habíais encontrado por casuali-*			
2.	En nuestro blog de gastronomía estamos recopilando colaboraciones de nuestros seguidores sobre la importancia de la comida en los momentos especiales de la vida. Nos gustaría que nos contarais vuestra experiencia de uno de esos momentos de vuestra vida personal, profesional o familiar.			
3.	**FIESTAS DE LA CIUDAD**			
4.	A ver si nos vemos pronto. ¿Cuándo vas a venir a verme a Barcelona? Llevo meses esperando tu visita.			
5.	• de qué momento se trataba			
6.	• presentarse;			
7.	• contar los motivos del viaje a Madrid;			
8.	Número de palabras: entre 100 y 120.			
9.	Número de palabras: entre 130 y 150.			

Fuente: *Instituto Cervantes*.

¡Atención! Comprueba tus respuestas en las **claves** de este modelo (pág. 52).

¡Atención! Recuerda el consejo del modelo 1. Aunque en la tarea 2, el examen te da a elegir entre dos opciones (una más narrativa y otra más descriptiva), te aconsejamos **hacer siempre las dos opciones** en tu preparación para conocer cuál de las dos haces mejor y luego elegir bien en el examen.

¡Ya puedes empezar esta prueba!

El Cronómetro ■ Manual de preparación del DELE. Nivel B1

Prueba 3: Expresión e Interacción escritas

La prueba de **Expresión e Interacción escritas** contiene **2 tareas**. Haga sus tareas en la **Hoja de respuestas**.

Duración: 60 minutos. Pon el reloj antes de cada tarea.

Tarea 1

INSTRUCCIONES

Usted ha encontrado el siguiente aviso en una página de anuncios:

INMOALQUILER

Buscando compañera para alquilar juntas un apartamento
Publicado en el día: 02 de julio

Soy mujer profesional (Ingeniero) de 57 años de edad, procedo de Valencia y tenía rentado un apartamento en el Cafetal de unos amigos a muy buen precio pero me lo están pidiendo. Trabajo para una empresa y me gustaría contactar a una persona seria, responsable y no fumadora que podamos alquilar juntas un apto. o anexo amueblado en zona centro o cerca del metro, por Chuao, Santa Fe, Chacao, el Rosal, las Mercedes o zonas aledañas.

Haga click aquí para obtener más información

Precio: 4.000 $

Departamento: Distrito Capital
Municipio: Caracas
Nro. de Anuncio: 22940
Nro. de Visitas: 21

Me gusta

(Adaptado de *http://ve.clasificados.com/*, Venezuela)

Escriba un correo electrónico para responder al anuncio. En él deberá:

- *saludar;*
- *explicar dónde ha encontrado el anuncio;*
- *preguntar por aspectos que no se describen en el anuncio;*
- *proponer dos citas posibles;*
- *despedirse.*

Número de palabras: **entre 100 y 120.**

● ● ● ● ● ¿Cuánto tiempo has necesitado para **esta tarea**? Anótalo aquí: _____ y vuelve a poner el reloj.

Expresión e Interacción escritas

Tarea 2

INSTRUCCIONES

*Elija solo **una** de las dos opciones que se le ofrecen a continuación:*

OPCIÓN 1

Lea el siguiente mensaje aparecido en un foro femenino.

> **Necesito un consejo urgente!!!!!!!!!!!!!!!**
> Yo y mi exnovio rompimos hace 2 años y después seguimos viéndonos y hablándonos pero ya han pasado 2 años más de solo andar así. Ahora me dice que no sabe si quiere regresar conmigo pero me quiere en su vida. No sé que hacer, no lo quiero perder pero tampoco puedo seguir haciéndome ilusiones. ¿A alguien la pasó algo así?
>
> Por: AMANDA

(Adaptado de http://foro.enfemenino.com/forum/, Argentina)

Escriba una respuesta a este mensaje en el que:

- cuente cuándo leyó el mensaje y en qué circunstancias;
- describa la impresión que le causó el mensaje;
- cuente algún caso parecido;
- dé un consejo.

Número de palabras: **entre 130 y 150.**

●●●●● ¿Cuánto tiempo has necesitado para **esta tarea**? Anótalo aquí: _____ y vuelve a poner el reloj.

OPCIÓN 2

Lea el siguiente mensaje que aparece en un foro de viajeros.

> **DIARIOS DE VIAJE DE MOCHILEROS**
> ¡Cuéntanos tu historia! Lo mejor y lo peor de tu viaje. Inspira a otros contando tu aventura y publicando detalles de tu ruta. Los amigos que conociste. Los lugares que recomiendas. Fotos, blogs personales, galerías, etc.

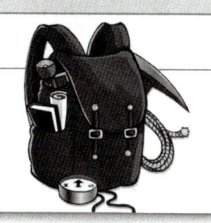

(Adaptado de http://mochileros.org/forum/, España)

Redacte un texto para enviar al foro en el que deberá:

- saludar y presentarse;
- explicar desde cuándo viaja y por qué con mochila;
- dar su opinión sobre esta forma de viajar;
- dar su opinión sobre esta forma de viajar;
- contar alguna anécdota de sus viajes;
- despedirse.

Número de palabras: **entre 130 y 150.**

●●●●● ¿Cuánto tiempo has necesitado para **esta tarea**? Anótalo aquí: _____ y vuelve a poner el reloj.

CLAVES

Antes de empezar la prueba de Expresión e Interacción escritas.

Tarea 1: 1, 4, 7, 8; **Tarea 2, opción 1:** 2, 5, 9; **Tarea 2, opción 2:** 3, 6, 9.

❗ Comentarios. Vuelve a leer los fragmentos de la tabla de la página nº 49 antes de leer estos comentarios.

Tarea 1. El material del examen consiste en un texto y unas instrucciones (pautas). El texto puede tener la presentación gráfica típica del tipo de texto que representa (por ejemplo, un correo electrónico, una entrada en un blog, un comentario en un foro). Es más corto que el que hay que escribir. Las pautas están escritas con infinitivos, es decir, son cosas que hay que hacer. El orden corresponde a la estructura del texto que hay que escribir. Se indica claramente el número de palabras.

Tarea 2, opción 1. El material del examen consiste también en un texto y unas instrucciones. El texto es más corto que el que hay que escribir. Puede ser, por ejemplo, la introducción de un foro que invita a hablar de experiencias. No es probable que se reproduzca la forma gráfica del tipo de texto. Las pautas no tienen que ser infinitivos, sino como aquí, preguntas concretas. El orden indica la estructura del texto. También se dice claramente el número de palabras.

Tarea 2, opción 2. El material de examen, como en las otras tareas, es un texto y unas pautas o instrucciones. El texto, como en la opción anterior, invita a escribir un mensaje, un comentario, etc. Las pautas están, como en la tarea 1, escritas con infinitivos. El número de palabras es el mismo que en la opción 1.

¿Cómo te ha ido la prueba?	Tarea 1	Tarea 2 Opción 1	Tarea 2 Opción 2
Número de palabras del texto que he escrito.			
🕒 Tiempo utilizado en cada tarea.			
He entendido bien el material ofrecido y lo he interpretado correctamente.			
He entendido sin problemas la situación planteada.			
He expresado con claridad mis opiniones.			
He escrito sin problemas anécdotas del pasado.			
No he cometido errores graves de gramática.			
No me ha faltado vocabulario.			
He organizado bien el tiempo disponible.			
Nivel de estrés (de 1 –mínimo– a 5 –máximo–).			

¿Qué puedes hacer para mejorar tus resultados la próxima vez? Anota aquí tu comentario.

....
....

PRUEBA 3. EXPRESIÓN E INTERACCIÓN ESCRITAS

Prueba 4: Expresión e Interacción orales

●●●●● Antes de empezar la prueba de Expresión e Interacción orales.

Aquí tienes fragmentos y descripciones procedentes del ejemplo de examen que ofrece el *Instituto Cervantes* en su página web. Señala a qué tarea del examen corresponden.

	FRAGMENTOS Y DESCRIPCIONES	TAREA 1	TAREA 2	TAREA 3	TAREA 4
1.	Estos son algunos aspectos que puede comentar: • Las personas: dónde están, cómo son, qué hacen. • El lugar en el que se encuentran: cómo es.				
2.	Usted compró hace unos días un ordenador portátil en una tienda de i Ahora el ordenador no funciona y usted decide ir a la tienda para pedi				
3.					
4.	EJEMPLOS DE PREGUNTAS DEL ENTREVISTADOR: • ¿Ha trabajado usted en algún lugar parecido al de la imagen? / ¿C • ¿Cómo es? ¿Cuántas personas trabajan en él? ¿Qué tipo de trabajo • ¿Le gustaría trabajar en algún lugar parecido? ¿Por qué? / ¿Por qu				
5.					
6.	No olvide: • diferenciar las partes de su exposición: introducción, desarroll • ordenar y relacionar bien las ideas;				
7.					
8.					

Fuente: *Instituto Cervantes.*

Comprueba tus respuestas en las **claves** de este modelo (pág. 58).

¡**Atención**! Recuerda que en tres de las tareas de esta prueba del examen te van a ofrecer **dos opciones** para elegir, aunque en los modelo de El Cronómetro, *nivel B1* no sucede así.

Recuerda también que para desarrollar esta prueba te vamos a proponer 🎤 grabar tu presentación para luego 🔊 poderla analizar. Como en el anterior modelo, no te olvides de usar un ⏲ para medir tu tiempo.

¡Ya puedes empezar esta prueba!

Prueba 4: Expresión e Interacción orales

PREPARACIÓN

Tienes **15 minutos** para preparar las tareas 1 y 2. Sigue todas las **instrucciones**.

• • • • • 🕐 **Pon el reloj.**

Tarea 1

OPCIÓN: TURISTAS DE ÚLTIMA GENERACIÓN

Aquí tiene un tema y unas instrucciones para preparar su exposición oral.

– Tendrá que hablar durante **2 o 3 minutos**. El examinador no interviene en esta parte de la prueba.

INSTRUCCIONES

Hable de su viaje ideal.

– Incluya la siguiente información:

- ¿Le gustaría realizar un viaje diferente al típico de vacaciones?
- ¿A qué lugar iría?
- ¿Cuándo y con quién le gustaría realizar el viaje?
- ¿A qué cosas se dedicaría?
- ¿Por qué cree que ese lugar es el más adecuado para hacer eso que le interesa?
- ¿Recuerda experiencias de otros viajes que ya haya hecho de ese tipo?

– No olvide:

- diferenciar las partes de su exposición: introducción, desarrollo y conclusión final;
- ordenar y relacionar bien las ideas;
- justificar sus opiniones y sentimientos

Tarea 2

Consejo. Ya sabes que el objetivo de esta tarea es desarrollar una conversación sobre el tema de la tarea 1. Durante el tiempo de preparación anota preguntas que podría realizarte el examinador, teniendo en cuenta que en la entrevista no puedes leer respuestas o párrafos completos, solo ayudarte con tus notas.

¡Atención! Recuerda que está **prohibido el uso de diccionarios**.

¿Qué preguntas crees que te va a hacer el entrevistador? Anótalas aquí.

¿Cómo podrías responderlas?

Expresión e Interacción orales

¿Qué vocabulario crees que puedes necesitar en esta tarea? Haz una pequeña lista.

....
....
....

• • • • • ¿Cuánto tiempo has necesitado para la preparación? Anótalo aquí: _____ min.

ENTREVISTA

¡Atención! Como te decíamos en el modelo anterior, en esta tarea lo mejor es contar con la ayuda de un profesor, un hispanohablante o simplemente un compañero que lea las preguntas. Ya sabes que puedes encontrarlas en el documento de las transcripciones de la *ELEteca*.

¡Atención! En este modelo hemos elegido la forma de **usted** para que practiques también este estilo y sepas cuál prefieres.

Tarea 1

Pon la pista n.° 16. Escucha las instrucciones y las preguntas, y responde. Usa el botón de ⏸ *PAUSA* para responder.

Graba tu exposición.

La duración de esta tarea es de **2 a 3 minutos**.

Tarea 2

Pon la pista n.° 17. Escucha las instrucciones y las preguntas, y responde. Usa el botón de ⏸ *PAUSA* para responder o para volver a escuchar las preguntas que no entiendas bien.

Graba tu exposición.

La duración de esta tarea es de **3 a 4 minutos**.

Tarea 3

⚠ ¡Atención! Recuerda que esta tarea no la preparas. Escucha y lee las instrucciones y empieza a interactuar con el examinador a partir de las preguntas que vas a oír.

Pon la pista n.º 18 antes de ver la fotografía. Escucha las instrucciones y las preguntas, y responde. Usa el botón de ⏸ PAUSA para responder o para volver a escuchar las preguntas.

Recuerda La duración de esta tarea es de **2 a 3 minutos**, de los que 1-2 son para la descripción de la fotografía.

INSTRUCCIONES

Describa con detalle lo que ve en la foto y lo que imagina que está ocurriendo.

Estos son algunos aspectos que puede comentar:

- Las personas: dónde están, cómo son, qué hacen.
- El lugar en el que se encuentran: cómo es.
- Los objetos: qué objetos hay, dónde están, cómo son.
- ¿Qué relación cree que existe entre estas personas?
- ¿Qué cree que están haciendo en ese lugar?
- ¿Cómo cree que se sienten?

Posteriormente, el examinador le hará algunas preguntas.

🎤 **Graba** tu descripción de la fotografía.

Pon la pista n.º 19. Escucha las instrucciones y las preguntas, y responde. Usa el botón de ⏸ PAUSA para responder.

🎤 **Graba** tus respuestas.

Expresión e Interacción orales

Tarea 4

¡Atención! Recuerda que esta tarea tampoco la preparas. Lee las instrucciones y empieza a hablar con el entrevistador a través de las preguntas que vas a oír.

Pon la pista n.° 20. Escucha las instrucciones y las preguntas, y responde. Usa el botón de **PAUSA** para responder y vuelve a escuchar las preguntas que no entiendas.

Graba tus respuestas.

La duración de esta tarea es de **2 a 3 minutos**.

INSTRUCCIONES

Usted se ha apuntado a un curso de cocina pero está muy descontento porque no es cómo esperaba. Por ello, va a quejarse a la secretaría de la escuela de cocina.

El examinador es el director de la escuela. Hable con él siguiendo estas indicaciones:

Durante la conversación el director usted debe:

- Indicarle los detalles del curso al que se ha apuntado.
- Explicarle cuál es el problema.
- Pedirle que le devuelvan el dinero.
- Si no se lo pueden devolver, encontrar una solución alternativa.

¡Ánimo!

CLAVES

Antes de empezar la prueba de Expresión e Interacción orales.

Tarea 1: 1 y 4. **Tarea 2:** No tiene material extra (lámina) pues se trata de una conversación con el entrevistador sobre el tema de la tarea 1. **Tarea 3:** 3, 5, 7, y 8. **Tarea 4:** 2 y 6.

Comentarios. Vuelve a leer los fragmentos de la tabla de la página 53 antes de leer estos comentarios.

Tarea 1. 1. El material del examen (la lámina) presenta una situación y unas instrucciones concretas (el *Instituto Cervantes* las llama "pautas"). No son sugerencias: en tu presentación tienes que incluir toda la información que se pide en la lámina. **4.** El material de examen incluye estas cosas. Tampoco son sugerencias.

Tarea 3. 3. El material de esta tarea consiste en una fotografía y unas pautas. La fotografía presenta una situación, probablemente hay dos personas que hacen algo. **5.** Es importante observar detalles como los gestos de la cara o de las manos. **7.** La fotografía debe incluir también detalles del sitio donde están las personas. **8.** Otro tipo de detalles que incluyen las fotografías están relacionados con aspectos como la profesión de las personas. Tienes que conocer tanto el vocabulario de ese tipo de objetos como saber interpretarlos.

Tarea 4. 2. La lámina de esta tarea presenta situaciones simuladas. Son situaciones en las que tienes que representar un papel. Tienes que hacer cosas como proponer un intercambio, solicitar un servicio, pedir una información o hacer una cita o una reclamación. **6.** El material de la tarea 4 tiene sus propias pautas. La conversación con el entrevistador debe pasar por esos puntos. No olvides seguir las pautas de la tarjeta que te dé el entrevistador.

PRUEBA 4 — EXPRESIÓN E INTERACCIÓN ORALES

¿Cómo has hecho esta prueba?	Sí	No
En la tarea 1 he entendido la noticia y he dado mi opinión.		
En la tarea 3 he aprovechado bien el tiempo que tenía para observar la fotografía y pensar en todo lo que podía decir.		
En la tarea 3 he hablado de los detalles de la fotografía.		
En la tarea 4 he ofrecido soluciones alternativas al problema.		

	Tarea 1	Tarea 2	Tarea 3	Tarea 4
He seguido todas las instrucciones y he dado toda la información que he podido.				
He unido las ideas de una forma lógica.				
He justificado mis ideas y he dado ejemplos.				
He usado el tiempo disponible para realizar las tareas.				
Aunque me he bloqueado, he podido desarrollar mis ideas.				
He entendido bien las preguntas del entrevistador.				
He tenido en cuenta cuánto tiempo tenía que hablar durante la tarea.				
Nivel de estrés (de 1 –mínimo– a 5 –máximo–).				

¿Qué puedes hacer para mejorar tus resultados la próxima vez? Anota aquí tu comentario.

....

....

DELE B1

Modelo de examen n.° 3

- **PRUEBA 1. COMPRENSIÓN DE LECTURA** — 70 min.
- **PRUEBA 2. COMPRENSIÓN AUDITIVA** — 40 min.
- **PRUEBA 3. EXPRESIÓN E INTERACCIÓN ESCRITAS** — 60 min.
- **PRUEBA 4. EXPRESIÓN E INTERACCIÓN ORALES** — 15 min. + 15 min.

Claves, comentarios y consejos.
En este modelo vamos a ver con más profundidad cómo son las tareas de las distintas pruebas, qué dificultad tienen y qué relación hay entre las preguntas e instrucciones y los textos. Te aconsejamos no solo hacer las tareas previas, sino sobre todo leer los comentarios de las claves.

Edinumen — El Cronómetro, manual de preparación del DELE. Nivel B1

Prueba 1: Comprensión de lectura

•••• **Antes de empezar la prueba de Comprensión de lectura.**

Aquí tienes fragmentos de instrucciones y de preguntas procedentes del ejemplo de examen que ofrece el *Instituto Cervantes* en su página web. Señala a qué tarea del examen crees que corresponden.

	FRAGMENTOS DE INSTRUCCIONES Y PREGUNTAS	TAREA 1	TAREA 2	TAREA 3	TAREA 4	TAREA 5
1.	Usted va a leer seis textos en los que unas personas hablan de…					
2.	tres textos en los que unos padres nos hablan de…					
3.	Usted va a leer un texto sobre…					
4.	HAY TRES TEXTOS QUE NO DEBE RELACIONAR					
5.	Después, debe contestar a las preguntas (7-12).					
6.	…rellene los huecos (25-30) con la opción correcta (a / b / c).					
7.	…el siguiente texto, del que se han extraído seis fragmentos.					
8.	Relacione a las personas (1-6) con los textos que informan sobre los programas (A-J).					
9.	HAY DOS FRAGMENTOS QUE NO TIENE QUE ELEGIR.					
10.	25. a) estuve b) estaba c) había estado					
11.	7. Según el texto, las piezas hechas con concha del México prehispánico…					
12.	29. a) sepas b) sabes c) sabrías					
13.	¿Qué persona dice que disponía de poco dinero para los adornos?					
14.	H. En dicho escrito se detalla la llegada de tres barcos provenientes de América cargados de tesoros.					
15.	¿Qué persona dice que hubo un concurso en la celebración?					

Fuente: *Instituto Cervantes*.

Finalmente, contesta a esta pregunta: ¿las preguntas son más difíciles que el texto? Anota aquí tu comentario.

....
....

(!) **¡Atención!** Comprueba tus respuestas en las **claves** de este modelo (pág. 68).

¡Ya puedes empezar esta prueba!

Prueba 1: Comprensión de lectura

• • • • • 🕐 **Pon el reloj** al principio de cada tarea.

La prueba de **Comprensión de lectura** contiene **5 tareas**. Usted tiene que responder a **30 preguntas**.

Duración: **70 minutos**. Marque sus opciones únicamente en la **Hoja de respuestas**.

Tarea 1

INSTRUCCIONES

Usted va a leer seis textos en los que unas personas buscan campamentos de verano y textos que informan sobre ofertas de diferentes campamentos. Relacione a las personas (1-6) con los textos que informan de los campamentos (A-J). HAY TRES TEXTOS QUE NO DEBE RELACIONAR. Marque las opciones elegidas en la **Hoja de respuestas**.

	PERSONA	TEXTO
0.	JUAN	C
1.	JORDI	
2.	TERESA	
3.	LUISA	
4.	SARA	
5.	PILUCA	
6.	SEBASTIÁN	

0. JUAN: En septiembre nos vamos de vacaciones quince días y queremos que nuestro hijo vaya a un campamento porque ya tiene dieciséis años. Le encanta el agua.

1. JORDI: Mi hijo quiere hacer mucho deporte. Le gustaría irse un mes de campamento pero yo solo puedo pagar quince días. Tiene seis años y solo puede ir a principios de julio.

2. TERESA: Nuestro hijo quiere ir a un campamento pero tiene una enfermedad y necesita cuidados médicos. Le gustan mucho los deportes al aire libre y tiene quince años.

3. LUISA: Creo que lo mejor para el futuro de mi hija es que aprenda lenguas. Con nueve años los niños aprenden muy rápido.

4. SARA: Mi hija está cansada de ir a campamentos con niños. Ya tiene quince años y quiere conocer a chicos mayores, pasárselo bien y tomar el sol.

5. PILUCA: A finales de junio nos vamos dos meses de vacaciones y no sabemos qué hacer con nuestra niña de diez años. Yo quiero que aprenda alguna lengua y ella quiere navegar.

6. SEBASTIÁN: Nuestra hija ha dejado de jugar al baloncesto y ahora quiere probar otros deportes de equipo. Tiene diez años y queremos que vaya en septiembre.

CAMPAMENTO DE VERANO

A — **De inglés**
Chicos y chicas de 15 a 18 años. Playa a 15 minutos andando. Alojamiento en un colegio ubicado dentro de la zona universitaria. Del 8 al 23 de julio; del 10 de julio al 25 de julio; del 29 de julio al 13 de agosto. Desde 935€ dos semanas. Incluye pensión completa. Curso de 20 lecciones semanales de inglés.

B — **De equitación**
Niños de 7 a 14. Todos los cursos dan comienzo el día uno de cada mes. 275€ semanales. Abierto todo el verano (excepto agosto) aunque la estancia máxima es de un mes. La granja, situada a tan solo quince kilómetros de la ciudad más cercana, es el alojamiento ideal para estar en contacto directo con la naturaleza y con los animales.

C — **De buceo**
Meses de junio, julio y septiembre. Clases teóricas en la piscina del centro. De 10 a 18 años. Los menores de 15 años deberán ir acompañados de un adulto durante las sesiones en mar abierto. Necesario saber nadar. Alojamiento en albergues juveniles. Incluye material didáctico y equipo. 380€ por 5 clases teóricas/4 inmersiones en mar abierto.

D — **De escalada**
Curso a partir del 6 de agosto. Duración de dos semanas. Para niños de entre 7 y 13 años con experiencia en este deporte. Escaladas de pared en el gimnasio durante la semana y una excursión a la montaña para practicar la escalada en roca cada fin de semana. Incluye material y seguro de accidentes. Precio con alojamiento incluido: 830€.

E — **De baloncesto**
20 lecciones semanales, entrenadores reconocidos oficialmente. Del 1 al 15 de julio para niños de 5 a 11 años y del 15 de julio al 30 de julio para niños de 12 a 18. Visita a un partido entre equipos locales. 369€ en total (10% de descuento si se realiza la inscripción antes del 1 de junio).

F — **De música**
Para niños de 7 a 14 años. Casa rural en plena naturaleza. Del 1 al 15 de julio o del 16 al 31 del mismo mes. Matrícula hasta el 1 de junio. Precios especiales para grupos. 700€ por quincena con todo incluido (comida, instrumentos, etc.). Fiesta de fin de curso protagonizada por los niños. Hospital a solo 10 minutos en coche.

G — **De fútbol e inglés**
Edad: de 10 a 16 años. Para niñas principiantes o con conocimientos del deporte. Tres horas de clases de inglés al día. Meses de julio y septiembre. Mínimo un mes de estancia por 1000€ con todo incluido. Profesores reconocidos y diferentes excursiones. Campeonato al final de curso.

H — **De naturaleza y aventura**
Para niños de entre 7 y 15 años. Albergue en plena naturaleza. 500€ por quince días. Cursos de diferentes modalidades de deportes de aventura. Dos excursiones por semana. Monitores con experiencia. Servicio médico en el campamento. Meses de junio, julio y agosto.

I — **Multicampamento de actividades náuticas**
Dirigido a niños de entre 7 y 17 años. Campamento con golf, inglés, clases de barca y vela. 1300€ mensuales con todo incluido. Solo en julio y agosto. Profesores titulados. Residencia en plena naturaleza.

J — **De inglés o alemán**
Residencia al lado de la playa para niños de 8 a 12 años. 965€ al mes. Abierto junio, julio y agosto. Profesores nativos, cinco horas de clase al día en las que se incluyen diferentes excursiones. Todos los niveles. Actividades en la playa.

• • • • • 🕐 ¿Cuánto tiempo has necesitado para **esta tarea**? Anótalo aquí: _____ y vuelve a poner el reloj.

Comprensión de lectura

Tarea 2

INSTRUCCIONES

*Usted va a leer un texto sobre los vinos chilenos. Después, debe contestar a las preguntas (7-12). Seleccione la respuesta correcta (a / b / c). Marque las opciones elegidas en la **Hoja de respuestas**.*

LOS VINOS CHILENOS

La historia del vino chileno comienza con la llegada de los españoles al territorio que hoy conocemos como Chile, alrededor del siglo XVI. Fueron los sacerdotes los primeros en elaborar pequeñas cantidades de vino para la eucaristía. Las cepas (tronco de la vid, planta de la que sale la uva con la que se produce después el vino) españolas se adaptaron rápidamente al suelo chileno.

La vid encontró en la zona central de Chile un hábitat ideal, por su clima mediterráneo de inviernos lluviosos y veranos calurosos, y su producción fue creciendo, llegando al punto de que Felipe II decretó prohibir nuevas plantaciones. La prohibición duró hasta 1678. Otra prohibición se decretó durante el régimen napoleónico en España, a comienzos del siglo XIX, al considerar que el vino producido en Chile competía en precio con el producido en España.

A mediados del siglo XIX, y siendo ya Chile una república independiente, se comenzó a considerar al vino como una importante fuente de ingresos de exportación, y los gobiernos empezaron a preocuparse por desarrollar su calidad. En 1863 se detectó una plaga de filoxera en Francia, que se extendió por Europa y destruyó las cepas de calidad europeas. Diez años más tarde, en 1873, apareció en California, en 1875 en Australia, y en 1880 en África del Sur, transformándose en una catástrofe de carácter mundial. Las cepas chilenas, sin embargo, se mantuvieron libres de la plaga y contribuyeron posteriormente, en gran medida, a la recuperación mundial de la industria vitivinícola. Chile no supo aprovechar este período, en el que quedó como unos de los pocos productores de vino de calidad, para situarse en una posición ventajosa en el mercado mundial. La producción para exportación había estado orientada casi exclusivamente al mercado estadounidense y se hicieron algunos intentos para entrar en el mercado europeo, sin mucho éxito, lo que hizo que los productores nacionales se fueran hacia otros países latinoamericanos, con mercados mucho más pequeños.

En 1902 el vino comenzó a pagar altos impuestos, lo que hizo disminuir la producción. Posteriormente, la Ley Seca (prohibición de vender alcohol alrededor de los años 20) de Estados Unidos hizo que esta disminución de la producción fuera aún mayor. Entre 1938 y 1974 se prohibió la plantación de nuevas cepas y la importación de tecnología para la producción. La producción de vinos para la exportación vio su recuperación en la década de 1980, cuando productores mundiales reconocieron la calidad de las cepas chilenas y decidieron invertir en ellas. Desde finales de la década, Chile ha pasado a ocupar un lugar destacado entre los productores mundiales de vino.

(Adaptado de *wikipedia.org*)

PREGUNTAS

7. En el texto se dice que…

    a) las primeras vides chilenas eran de origen francés.
    b) el vino chileno comenzó mezclando viñas de los conquistadores y de los indígenas.
    c) los sacerdotes introdujeron el vino en Chile para usarlo durante la misa.

8. De acuerdo con el texto…

    a) Felipe II prohibió la exportación de vinos chilenos.
    b) en una época se temió que los vinos españoles fueran mejores que los franceses.
    c) en el siglo XIX se prohibieron los vinos chilenos.

9. Según el texto, la plaga de filoxera...

   a) se inició en Chile.
   b) no llegó a Chile.
   c) se inició en las cepas españolas.

10. En el texto se dice que en el siglo XIX la producción de vinos chilenos para la exportación...

    a) era principalmente para Estados Unidos.
    b) se centraba en Europa.
    c) no tuvo éxito en los pequeños países latinoamericanos.

11. En el texto se dice que a principios del siglo XX...

    a) se empezó a producir más vino en Chile.
    b) se dejó de vender a Estados Unidos por sus altos impuestos.
    c) la producción de vinos chilenos bajó.

12. En el texto se dice que a partir de 1980...

    a) no se pudo importar tecnología para la producción chilena de vinos.
    b) algunos productores extranjeros entraron en el mercado de producción chileno.
    c) se empezaron a exportar cepas chilenas.

● ● ● ● ● 🕐 ¿Cuánto tiempo has necesitado para **esta tarea**? Anótalo aquí: _____ y vuelve a poner el reloj.

Tarea 3

INSTRUCCIONES

Usted va a leer las experiencias de tres personas para gastar menos energía. Relacione las preguntas (13-18) con los textos (A, B o C). Marque las opciones elegidas en la **Hoja de respuestas**.

PREGUNTAS

		A. CARLOS	B. PEDRO	C. ERIKA
13.	¿Qué persona dice que cocina comida para más personas de las que viven en su casa?			
14.	¿Qué persona se ha comprado un aparato para fregar los platos?			
15.	¿Qué persona dice que desconecta algunos aparatos?			
16.	¿Qué persona dice que su factura ha bajado?			
17.	¿Qué persona dice que ahora ilumina su casa de otra forma?			
18.	¿Qué persona dice que ha puesto el frigorífico en otro sitio?			

Comprensión de lectura

A. CARLOS

Nosotros somos cuatro en casa. Antes bañábamos todos los días a los dos niños juntos pero, desde que leí que cambiando el baño por la ducha se ahorran alrededor de 200 litros de agua cada vez, solo los duchamos.

También he cambiado la nevera de lugar porque antes estaba al lado del horno y le daba directamente la luz del sol y tardaba más en enfriarse.

También compramos muchos más productos de temporada y los congelamos en grandes cantidades. Creemos que también es una buena forma de educar a nuestros hijos con nuestro ejemplo y ellos también ven que ahorrar puede ser divertido.

B. PEDRO

Me preocupa mucho el medioambiente y creo que todos podemos hacer pequeños gestos para que nuestros hijos tengan un mundo mejor.

He descubierto que se tarda el mismo tiempo en asar y cocer los alimentos para diez personas que para cuatro. Nosotros somos solo tres en casa pero siempre preparo mucha más comida y después la meto en la nevera para hacer otros platos. Hago croquetas, empanadillas, sopas o ensaladas con los restos. También he empezado a preparar mis propios postres y me salen unos yogures y helados riquísimos.

¡Ah! Y nos hemos comprado un lavavajillas con lo que gastamos mucha menos agua.

C. ERIKA

En mi casa hay mucha luz natural pero siempre he pagado mucho dinero por la electricidad. Hace unos meses empecé a cambiar algunos hábitos y he conseguido disminuir sensiblemente el gasto.

Por ejemplo, he hecho un par de ventanas más en casa para que entre más luz y desde hace un tiempo me he acostumbrado a apagar las luces cuando no estoy en las habitaciones. También cuando no uso el televisor, el DVD o el ordenador los desenchufo y así no se quedan en el modo *stand by* que también es un gasto innecesario.

Ahora tampoco abro nunca el horno cuando está encendido o no uso la lavadora si no está llena.

(Adaptado de *www.consumer.es*, España)

• • • • • 🕐 ¿Cuánto tiempo has necesitado para **esta tarea**? Anótalo aquí: _____ y vuelve a poner el reloj.

Tarea 4

INSTRUCCIONES

*Lea el siguiente texto, del que se han extraído seis fragmentos. A continuación lea los ocho fragmentos propuestos (A-H) y decida en qué lugar del texto (19-24) hay que colocar cada uno de ellos. HAY DOS FRAGMENTOS QUE NO TIENE QUE ELEGIR. Marque las opciones elegidas en la **Hoja de respuestas**.*

EL GATO QUE QUIERE SER ALCALDE

Los votantes de la ciudad mexicana de Xalapa deberían estar cansados de votar por ratas, sugiere un eslogan de campaña. **19.**_____. "El *candigato* Morris se postula para que votes por él este 7 de julio. Ante la cantidad de ratas que acechan esos puestos solo un gato podrá poner orden", se puede leer en el perfil de Facebook, creado el 4 de mayo de 2013.

La cuenta de Facebook recibió ya más de 100 000 "Me gusta", muchos más que los candidatos de los partidos políticos principales. **20.**_____. Pero quieren todavía más. La candidatura de Morris, por supuesto, no tiene validez oficial y su nombre no figura en las papeletas de votación para las elecciones a la alcaldía del 7 de julio. **21.**_____.

La historia surreal de este gato político que hace campaña se propagó inicialmente en los medios locales, y luego se extendió rápidamente al ámbito nacional incluso internacional. **22.**_____. ¿Su promesa de campaña? Está muy clara en su página de Facebook: "El *candigato* no promete nada más que los demás candidatos: Descansar y retozar".

23._____. Ejemplos son la *candirrata* Tita como respuesta a Morris en Xalapa, el perro Titán en Oaxaca y el burro Chon en Ciudad Juárez con su eslogan "es mejor un burro como presidente municipal, que un presidente burro". Aunque este tipo de expresiones en la historia electoral en el mundo no son nuevas, algunos electores, que ya no creen en los políticos en México, aprovechan la coyuntura de crisis en sus regiones para hacer famosos a personajes ficticios que no prometen nada que puedan cumplir.

24._____. Los políticos tradicionales los acusan de atacar a las instituciones o, simplemente, de estupidez.

(Adaptado de www.excelsior.com.mx, México y www.cnnespanol.cnn.com, EE.UU.)

FRAGMENTOS

A. Ahora, Morris tiene un sitio de Internet con un elegante vídeo de campaña en el que cuenta su historia, y una fotografía de color rojo y azul semejante al retrato de Barack Obama que se hizo famoso durante su campaña en 2008.

B. Estas están formadas por gran cantidad de exmilitantes políticos decepcionados.

C. Es un fenómeno que comienza a preocupar a las autoridades y, sobre todo, a los candidatos "más serios".

D. Por otro lado, nadie sabe de dónde proviene el dinero necesario sufragar la campaña de Morris.

E. En las redes sociales cada vez son más populares las "candidaturas" de gatos, perros, burros y ratas para "ocupar" puestos de elección popular por todo México.

F. El candidato que la impulsa es precisamente un gato.

G. Lo que piden sus promotores, identificados como Sergio y Daniel, es que los electores escriban su nombre en ellas, en lugar de marcar alguna de las opciones oficiales.

H. Los organizadores dicen que con esto ya han demostrado la frustración del pueblo con los políticos corruptos.

• • • • • 🕐 ¿Cuánto tiempo has necesitado para **esta tarea**? Anótalo aquí: _____ y vuelve a poner el reloj.

→ Comprensión de lectura

Tarea 5

INSTRUCCIONES

Lea el texto y rellene los huecos (25-30) con la opción correcta (a / b / c). Marque las opciones elegidas en la **Hoja de respuestas**.

Carta al director:

El otro día _____ 25 _____ la siguiente conversación: "María está estudiando dos carreras a la vez". "¿Ah, sí? ¿Y qué hace? ¿Barrer y fregar al mismo tiempo?". Es muy triste que las mujeres todavía tengamos que _____ 26 _____ oyendo este tipo de comentarios. Pero es aún peor, si los dice un estudiante de segundo de Bachillerato. _____ 27 _____ cansada de tanta ignorancia.

Después de años de represión, la mujer ha conseguido mucho pero todavía queda mucho por hacer. Nuestra vida cotidiana está llena de elementos que nos recuerdan _____ 28 _____ "debe ser" la mujer. En la televisión, la publicidad, etcétera, vemos una imagen femenina relacionada solo con las tareas domésticas o el cuidado de la familia. ¿Las mujeres no estudian? ¿No hay grandes directivas, científicas o políticas? Creo que el mundo no ha ido tan bien dirigido por los hombres.

Es triste. Pero en pleno siglo XXI las mujeres nos vemos obligadas a seguir _____ 29 _____ para que ambos sexos sean considerados de igual manera. Por medio de la educación tenemos que educar a la sociedad y así ninguna chica _____ 30 _____ escuchar estos comentarios impertinentes y absurdos de ningún ignorante frustrado que no sabe ni cómo se barre.

María López

(Adaptado de *www.elpais.com*, España)

OPCIONES

25. a) escuchaba	b) escuché	c) había escuchado
26. a) estar a punto de	b) dejar de	c) seguir
27. a) Estoy	b) Soy	c) Sé
28. a) dónde	b) cuál	c) cómo
29. a) luchar	b) luchando	c) luchado
30. a) dejará de	b) suele	c) volverá a

●●●●● ¿Cuánto tiempo has necesitado para **esta tarea**? Anótalo aquí: _____ min.

CLAVES

Antes de empezar la prueba de Comprensión de lectura.

Tarea 1: 1, 4, 8; **Tarea 2:** 3, 5, 11; **Tarea 3:** 2, 13, 15; **Tarea 4:** 7, 9, 14; **Tarea 5:** 6, 10, 12.

Comentarios.

Tarea 1. La dificultad de esta tarea está sobre todo en la cantidad de pequeños textos y en el vocabulario del tema. Tienes que relacionar los textos localizando palabras, y para eso tienes que leer y releer. Es una tarea muy minuciosa. Se lleva bastante tiempo.

Tarea 2. La dificultad de esta tarea está en el tema del texto y en el vocabulario, pero también en la estructura de las preguntas. Muchas opciones dicen casi lo mismo que el texto, pero no lo mismo. A veces la dificultad está no solo en las opciones, sino también en la primera parte de la pregunta (el enunciado). Por eso, es importante leerla bien toda.

Tarea 3. Esta tarea se parece a la tarea 1, pero la diferencia está en el tipo de texto. Son textos más largos y más personales. A veces no solo hay que entender, sino también interpretar partes del texto que no son información, sino actitudes, valoraciones o intenciones.

Tarea 4. Esta tarea sirve para evaluar si reconoces las relaciones entre las ideas de un texto, o las relaciones entre sus partes. Para ello, el español, como cualquier idioma, tiene una serie de estructuras. Es importante no solo conocer esas estructuras, sino también ver cómo funcionan en el texto que tienes que reconstruir.

Tarea 5. La dificultad de esta tarea está en tu conocimiento gramatical, pero también en la manera de leer el texto. Muchas veces es importante concentrarse en las palabras que están a la izquierda o a la derecha del hueco. Otras veces, hay que concentrarse en la frase anterior. En general, no es necesario entender todo el texto para poder realizar la tarea. Los temas gramaticales que se evalúan aparecen con frecuencia en los libros de español: pasados, subjuntivo, preposiciones, *ser* y *estar*, pronombres en general, artículos, etc. No hay preguntas de vocabulario.

1 E	2 H	3 J	4 A	5 I	6 G	7 C	8 C	9 B	10 A
11 C	12 B	13 B	14 B	15 C	16 C	17 C	18 A	19 F	20 H
21 G	22 A	23 E	24 C	25 B	26 C	27 A	28 C	29 B	30 C

PRUEBA 1 COMPRENSIÓN DE LECTURA

¿Cómo has hecho esta prueba?	Tarea 1	Tarea 2	Tarea 3	Tarea 4	Tarea 5
Respuestas correctas.					
Tiempo utilizado en cada tarea.					
Estoy familiarizado con el tipo de texto.					
Conocía el vocabulario general del tema.					
Me ha desorientado el tipo de tarea.					
He entendido bien la relación entre la frase o la pregunta y el texto.					
La cantidad de información no me ha desorientado.					
Nivel de estrés (de 1 –mínimo– a 5 –máximo–).					

¿Qué puedes hacer para mejorar tus resultados la próxima vez? Anota aquí tu comentario.

Prueba 2: Comprensión auditiva

●●●●● **Antes de empezar la prueba de Comprensión auditiva.**

Aquí tienes fragmentos de las instrucciones y preguntas procedentes del ejemplo de examen que ofrece el *Instituto Cervantes* en su página web. Señala de qué tarea del examen son.

! Algunas instrucciones se repiten en más de una tarea.

	FRAGMENTOS DE INSTRUCCIONES Y PREGUNTAS	TAREA 1	TAREA 2	TAREA 3	TAREA 4	TAREA 5
1.	*Escuchará cada mensaje dos veces.*					
2.	*Marque las opciones elegidas en la* **Hoja de respuestas**.					
3.	*Seleccione la respuesta correcta (a / b / c).*					
4.	*Seleccione el enunciado (A-J) que corresponde al tema del que habla cada persona (19-24)... Seleccione solamente seis.*					
5.	*Indique si los enunciados (25-30) se refieren a Álvaro (A), a Beatriz (B) o a ninguno de los dos (C).*					
6.	**12.** *Juli cuenta en la audición que su afición a tejer...*					
7.	**1.** *¿Para qué llama Roberto a Cristina?*					
8.	a) sirve de ayuda económica. b) ofrece la posibilidad de conocer gente. c) hace sentirse cerca de su madre.					
9.	**A.** *Obtuvo una beca.*					
10.	a) Que le arregle el ordenador. b) Que la ayude a hacer un trabajo de clase. c) Que le preste una película.					
11.	*Propone salir a tomar algo.*					
12.	**15.** *La actriz colombiana Juana Acosta…*					
13.	**16.** *Las esculturas de Eva López pueden verse actualmente...*					
14.	*Duda si asistirá a la boda de Ana.*					
15.	*Practicaba deporte.*					

Fuente: *Instituto Cervantes*.

Modelo de examen n.º 3

¿Recuerdas cuánto tiempo tienes para leer las preguntas? Anótalo aquí.

Tarea 1	Tarea 2	Tarea 3	Tarea 4	Tarea 5

Finalmente, contesta a esta pregunta: ¿qué dos dificultades generales tiene esta prueba?

! **¡Atención!** Comprueba tus respuestas en las **claves** de este modelo (pág. 74).

¡Ya puedes empezar esta prueba!

Prueba 2: Comprensión auditiva

Pon las pistas n.° 21 a la 25. No uses el botón de ⏸ *PAUSA* en ningún momento. Sigue todas las instrucciones que escuches.

La prueba de **Comprensión auditiva** contiene **5 tareas**. Usted tiene que responder a **30 preguntas**. Marque sus opciones en la **Hoja de respuestas**.

🕐 Duración aproximada: **40 minutos**.

Tarea 1

INSTRUCCIONES

*Usted va a escuchar seis anuncios publicitarios y avisos. Escuchará cada mensaje dos veces. Después debe contestar a las preguntas (1 - 6). Seleccione la opción correcta (a / b / c). Marque las opciones elegidas en la **Hoja de respuestas**.*

🕐 Tiene **30 segundos** para leer las preguntas.

PREGUNTAS

Mensaje número 1

1. ¿Dónde envían los discos?
   a) A tiendas y grandes almacenes.
   b) Al domicilio del comprador.
   c) Al distribuidor.

Mensaje número 2

2. ¿Qué garantía ofrece la empresa?
   a) El conocimiento de la zona.
   b) Bajos precios.
   c) Rapidez.

Mensaje número 3

3. ¿Qué parte del zoológico no se puede visitar hoy?
   a) La zona de las aves.
   b) Las zonas A y B.
   c) La zona D.

Mensaje número 4

4. ¿A qué tipo de personas se refiere el anuncio de cerveza?
   a) A gente generosa.
   b) A gente imaginativa.
   c) A gente tacaña.

Mensaje número 5

5. ¿Qué pasa hoy en los mostradores de Iberia?
   a) Facturan pasajeros de otra compañía.
   b) No pueden facturar por problemas técnicos.
   c) Van a tener retrasos.

Mensaje número 6

6. ¿Qué aconseja el anuncio de Biomax?
   a) Que gastemos menos gasolina.
   b) Que seamos más cuidadosos con la Tierra.
   c) Que empecemos a hacer lo que nunca hicimos.

Comprensión auditiva

Tarea 2

INSTRUCCIONES

Usted va a escuchar un fragmento del programa «Raíces» en el que Mario, un argentino que ha retornado a su país, cuenta cómo ha sido y cómo es su vida. Escuchará la audición dos veces. Después debe contestar a las preguntas (7-12). Seleccione la respuesta correcta (a / b / c). Marque las opciones elegidas en la **Hoja de respuestas**.

Tiene **30 segundos** para leer los enunciados.

PREGUNTAS

7. En la audición Mario cuenta que su labor consiste en...

   a) hacer lo que la memoria sola no puede.
   b) ayudar en la investigación de su Universidad.
   c) registrar el trabajo de las sociedades.

8. Según la grabación, Mario se fue a Francia...

   a) con toda su familia.
   b) para ampliar su capacidad profesional.
   c) con la idea de quedarse fuera solo unos años.

9. Con respecto a su vivencia en el extranjero, explica que...

   a) descubrió nuevos proyectos.
   b) influyó mucho la idea de estar solos.
   c) nunca se sintió como un turista.

10. La decisión de volver estuvo propiciada por...

    a) el contacto con sus amigos.
    b) la aparición de nuevos proyectos en su país.
    c) la relación con la universidad.

11. Según la grabación, el último capítulo de su vida en Francia...

    a) tiene que ver con su desarrollo académico.
    b) está relacionado con su capacidad económica.
    c) no lo marcó su situación familiar.

12. El regreso a la Argentina supuso para Mario...

    a) el enfrentamiento con una nueva realidad social.
    b) un proceso de reconciliación con su país.
    c) la recuperación de sus viejos amigos.

Tarea 3

INSTRUCCIONES

Usted va a escuchar en un programa radiofónico español seis noticias. Escuchará el programa dos veces. Después debe contestar a las preguntas (13-18). Seleccione la respuesta correcta (a/b/c). Marque las opciones elegidas en la **Hoja de respuestas**.

🕐 Tiene **35 segundos** para leer las preguntas.

PREGUNTAS

Noticia 1
13. El museo del Prado contará con...
    a) una nueva instalación de cuadros de *El Bosco*.
    b) un nuevo equipo de vigilancia.
    c) un sistema de iluminación más ecológico.

Noticia 2
14. La idea de Google...
    a) se repite cada 66 años.
    b) rememora algo sucedido el siglo pasado.
    c) desanima a los partidarios de los extraterrestres.

Noticia 3
15. Este encierro de los Sanfermines de Pamplona...
    a) ha provocado algunos heridos.
    b) ha sido el más rápido hasta ahora.
    c) ha recorrido más metros que los anteriores.

Noticia 4
16. En el accidente de autobús...
    a) al conductor no le ha pasado nada.
    b) ha habido heridos del pueblo de Tornadizos.
    c) no se saben las causas.

Noticia 5
17. El jugador David Villa...
    a) va a seguir jugando en el FC Barcelona.
    b) va a empezar a jugar en un club nuevo.
    c) ha pasado por el médico por algunos dolores.

Noticia 6
18. Según el pronóstico del tiempo para los próximos días...
    a) en el sur va a hacer el mismo tiempo.
    b) en algunas zonas va a hacer mucho calor.
    c) a partir del jueves el tiempo va a mejorar.

Tarea 4

INSTRUCCIONES

Usted va a escuchar a seis personas que han decidido irse a vivir y trabajar a otro país. Escuchará a cada persona dos veces. Seleccione el enunciado (A-J) que corresponde al tema del que habla cada persona (19-24). Hay diez enunciados incluido el ejemplo. Seleccione **solamente seis**. Marque las opciones elegidas en la **Hoja de respuestas**.

Ahora escuche el ejemplo:

Persona 0 (Ejemplo)

La opción correcta es el enunciado F.

	A	B	C	D	E	F	G	H	I	J
0.						■				

🕐 Tiene **20 segundos** para leer los enunciados.

Comprensión auditiva

	ENUNCIADOS		PERSONA	ENUNCIADO
A.	Buscaba trabajo en algo relacionado con sus estudios.		Persona 0	F
B.	Cree saber cuál es la solución al problema del paro.	19.	Persona 1	
C.	Arriesgó y le fue bien, ahora hace lo que quería hacer.	20.	Persona 2	
D.	Critica la distribución de los sectores económicos por países.	21.	Persona 3	
E.	Se fue a pesar de tener una beca.	22.	Persona 4	
F.	Pasó por varios países.	23.	Persona 5	
G.	No solo se va por el trabajo.	24.	Persona 6	
H.	Ella no trabaja pero su marido sí.			
I.	No es esa persona la que tuvo que irse.			
J.	Su marido perdió el trabajo en 2012.			

Tarea 5

INSTRUCCIONES

*Usted va a escuchar una conversación entre dos vecinos, Aurelio y Ana. Indique si los enunciados (25-30) se refieren a Aurelio (A), a Ana (B) o a ninguno de los dos (C). Escuchará la conversación dos veces. Marque las opciones elegidas en la **Hoja de respuestas**.*

Tiene **25 segundos** para leer los enunciados.

		A Aurelio	B Ana	C Ninguno de los dos
0.	Hoy no tiene trabajo.	✓	☐	☐
25.	Propone ir a tomar algo.	☐	☐	☐
26.	Le explica la situación porque es su obligación.	☐	☐	☐
27.	Le apena mucho lo sucedido.	☐	☐	☐
28.	Estuvo fuera unos días.	☐	☐	☐
29.	Le encanta esa ciudad.	☐	☐	☐
30.	Deduce que la queja no tiene base real.	☐	☐	☐

El Cronómetro ■ Manual de preparación del DELE. Nivel B1

CLAVES

Antes de empezar la prueba de Comprensión auditiva.

Tarea 1: 1, 2, 3, 7, 10; **Tarea 2:** 2, 3, 6, 8; **Tarea 3:** 2, 3, 12, 13; **Tarea 4:** 2, 4, 9, 15; **Tarea 5:** 2, 5, 11, 14.

Tarea 1	Tarea 2	Tarea 3	Tarea 4	Tarea 5
30 seg.	30 seg.	35 seg.	20 seg.	25 seg.

Comentarios. Una dificultad general de esta prueba, aparte del hecho de que se trata de escuchar, es que hay que leer al mismo tiempo. Otra dificultad general son los cambios de tema, tanto de una tarea a otra como dentro de algunas tareas, en especial en la tarea de las noticias y en la conversación.

Las tareas 1, 2 y 3 tienen una estructura similar, porque en las tres hay preguntas con tres opciones. Es muy importante, leer con mucha atención las preguntas y prepararlas en el poco tiempo disponible. La lectura es necesaria al mismo tiempo que se escucha. La dificultad de la **tarea 4** está en que hay que leer al mismo tiempo todas las frases, en especial al principio de la audición. Después, a medida que se seleccionan frases, la mirada se puede concentrar en menos frases. La **tarea 5** presenta las frases en el mismo orden que la audición, así que no hay que mover la mirada tan intensamente. La dificultad está sobre todo en las frases que no dicen ni uno ni el otro hablante, porque eso genera cierta inseguridad.

1 B	2 A	3 C	4 C	5 A	6 B	7 A	8 B	9 B	10 C
11 A	12 B	13 C	14 B	15 A	16 C	17 B	18 B	19 A	20 C
21 G	22 D	23 I	24 H	25 A	26 B	27 C	28 A	29 B	30 B

PRUEBA 2 COMPRENSIÓN AUDITIVA

¿Cómo ha ido la prueba?	Tarea 1	Tarea 2	Tarea 3	Tarea 4	Tarea 5
Respuestas correctas.					
Estoy familiarizado con el tipo de texto.					
Conocía el vocabulario general del tema.					
He conocido palabras concretas.					
El acento de los interlocutores no me ha desorientado.					
La cantidad de información no me ha desorientado.					
Las frases no me parecían complicadas.					
He podido leer las preguntas y frases en el tiempo establecido.					
Los cambios de tema no han sido una dificultad importante.					
Nivel de estrés (de 1 –mínimo– a 5 –máximo–).					

¿Qué puedes hacer para mejorar tus resultados la próxima vez? Anota aquí tu comentario.

....
....

Prueba 3: Expresión e Interacción escritas

●●●●● **Antes de empezar la prueba de Expresión e Interacción escritas.**

Aquí tienes fragmentos de las instrucciones de las tareas. Proceden del examen que ofrece el *Instituto Cervantes* en su página web. Señala a qué tarea del examen corresponden.

	FRAGMENTOS DE INSTRUCCIONES	TAREA 1	TAREA 2 Opción 1	TAREA 2 Opción 2
1.	Lea el siguiente mensaje publicado en un blog dedicado a la gastronomía:			
2.	Lea el siguiente mensaje que aparece en la página web del ayuntamiento de su ciudad:			
3.	Usted ha recibido un correo electrónico de un amigo español:			
4.	Escríbale un correo electrónico a Diego para responder a sus preguntas.			
5.	Escriba un comentario para enviar al blog en el que cuente:			
6.	Redacte un texto para enviar al foro en el que deberá:			
7.	• saludar;			
8.	• presentarse;			
9.	• de qué momento se trataba;			
10.	• despedirse.			
11.	• proponer varias actividades para las próximas fiestas.			
12.	• qué comió;			

Fuente: *Instituto Cervantes.*

❗ **¡Atención!** No olvides la instrucción sobre el número de palabras. Anótalo aquí:

	Tarea 2. Opción 1	Tarea 2. Opción 2
_____ palabras	_____ palabras	_____ palabras

¿Qué dificultad general tienen las tareas de esta prueba?
....

❗ Comprueba tus respuestas en las **claves** de este modelo (pág. 78).

❗ Recuerda el consejo y haz las dos opciones de la tarea 2 para conocer cuál de ellas haces mejor.

¡Ya puedes empezar esta prueba!

Prueba 3: Expresión e Interacción escritas

La prueba de **Expresión e Interacción escritas** contiene **2 tareas**. Haga sus tareas en la **Hoja de respuestas**.

Duración: **60 minutos**. Pon el reloj antes de cada tarea.

Tarea 1

INSTRUCCIONES

Usted ha recibido el siguiente correo electrónico de una librería donde ha comprado libros en español:

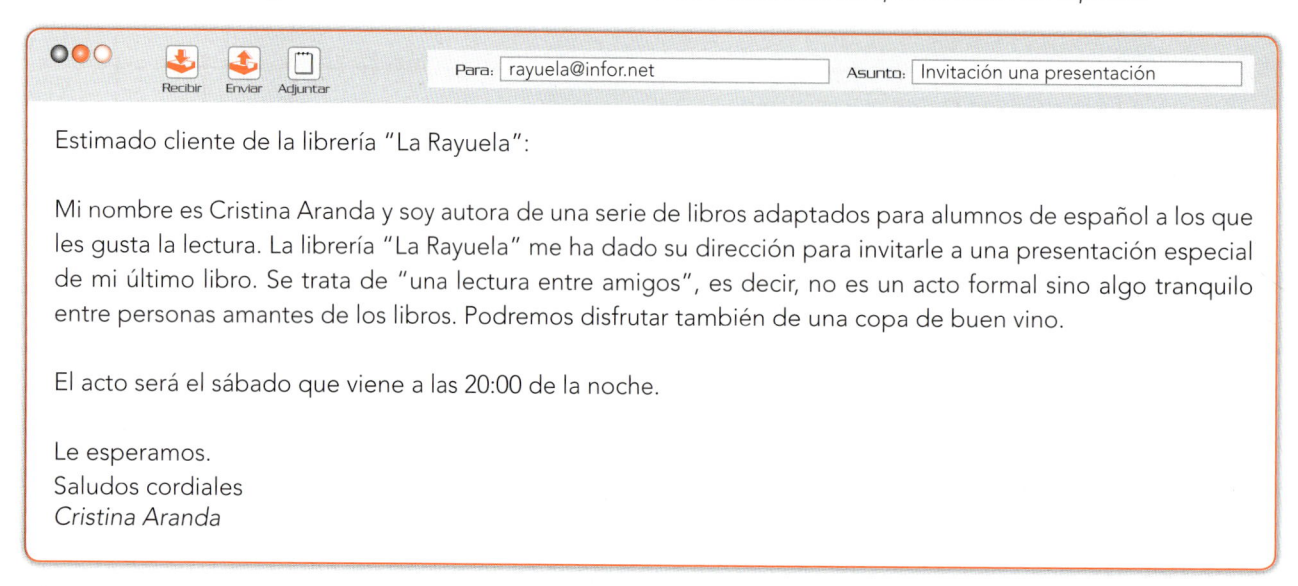

Para: rayuela@infor.net   **Asunto:** Invitación una presentación

Estimado cliente de la librería "La Rayuela":

Mi nombre es Cristina Aranda y soy autora de una serie de libros adaptados para alumnos de español a los que les gusta la lectura. La librería "La Rayuela" me ha dado su dirección para invitarle a una presentación especial de mi último libro. Se trata de "una lectura entre amigos", es decir, no es un acto formal sino algo tranquilo entre personas amantes de los libros. Podremos disfrutar también de una copa de buen vino.

El acto será el sábado que viene a las 20:00 de la noche.

Le esperamos.
Saludos cordiales
Cristina Aranda

Escríbale un correo electrónico a Cristina. En él deberá:

- *saludar;*
- *agradecer la invitación;*
- *hablar de algún libro de Cristina que usted haya leído;*
- *asegurar su participación en el acto;*
- *despedirse.*

Número de palabras: **entre 100 y 120.**

¿Cuánto tiempo has necesitado para **esta tarea**? Anótalo aquí: _____ y vuelve a poner el reloj.

Expresión e Interacción escritas

Tarea 2

INSTRUCCIONES

*Elija solo **una** de las dos opciones que se le ofrecen a continuación:*

OPCIÓN 1

Lea el siguiente mensaje publicado en un blog dedicado a experiencias deportivas.

BLOG

SIEMPRE EN MOVIMIENTO

En nuestro blog queremos ofrecer a los amantes del movimiento la oportunidad de compartir experiencias y de ofrecer ideas y consejos. También un punto de encuentro para simplemente hablar de lo que nos interesa. Para empezar, cuéntanos cómo integras el deporte en tu vida cotidiana. Es algo que a muchos nos preocupa.

Escriba un comentario para enviar al blog en el que diga:

- qué tipo de horarios tiene;
- el deporte que hace y cómo se decidió por esa modalidad;
- cómo integra la práctica de ese deporte en su vida;
- una opinión sobre la necesidad del deporte;
- un consejo para mejorar el rendimiento deportivo

Número de palabras: **entre 130 y 150.**

¿Cuánto tiempo has necesitado para **esta tarea**? Anótalo aquí: _____ y vuelve a poner el reloj.

OPCIÓN 2

Lea el siguiente mensaje que aparece en un foro de vecinos.

"LA REJA"

COMUNIDAD DE VIVIENDAS

Este es el blog de nuestra comunidad de viviendas. Como ves, está aún vacío, pero entre todos lo vamos a llenar con buenas ideas, sugerencias, sentimientos positivos y alguna que otra queja. Anímate y mándanos tu mensaje de presentación.

Somos muchos pero nos vamos a conocer muy pronto.

Redacte un texto para enviar al foro en el que deberá:

- saludar y presentarse;
- explicar desde cuándo vive en el bloque y por qué decidió venir;
- dar su opinión sobre el foro como medio de comunicación entre vecinos;
- proponer alguna actividad vecinal;
- despedirse.

Número de palabras: **entre 130 y 150.**

¿Cuánto tiempo has necesitado para **esta tarea**? Anótalo aquí: _____.

CLAVES

Antes de empezar la prueba de Expresión e Interacción escritas.

Tarea 1: 3, 4, 7, 10; **Tarea 2. Opción 1:** 1, 5, 9, 12; **Tarea 2. Opción 2:** 2, 6, 8, 11.

Tarea 1	Tarea 2. Opción 1	Tarea 2. Opción 2
100-120 palabras	130-150 palabras	

Comentarios. Una dificultad general de esta prueba, aparte de las instrucciones de la propia prueba, es que hay que usar la imaginación. Las situaciones pueden no pertenecer a tu vida, sino que debes imaginar que estás en la situación que propone el examen. Además, es muy importante que el texto de entrada aparezca reflejado en el texto que escribes. Para eso, claro, tienes que entenderlo.

Tarea 1. La dificultad principal está en que hay que recoger la información del texto y hablar de las ideas, de la persona que lo escribe y de lo que pide, su intención. Por ello es muy importante entender bien el texto de entrada. Además, claro, hay que seguir las pautas que indica la instrucción.

Tarea 2, opción 1. Las dos opciones de la tarea 2 son parecidas, claro, por el tipo de situación que presentan: textos en situaciones más o menos públicas (foros, revistas de opinión, etc.). La diferencia es que la opción 1 propone sobre todo textos narrativos: hay que hablar del pasado.

Tarea 2, opción 2. En comparación, la segunda opción propone textos más descriptivos e instrumentales: invitar, proponer, aconsejar, expresar una opinión, etc.

¿Cómo ha ido la prueba?	Tarea 1	Tarea 2 Opción 1	Tarea 2 Opción 2
Número de palabras del texto que he escrito.			
Tiempo utilizado en cada tarea.			
He entendido bien el material ofrecido y lo he interpretado correctamente.			
He entendido sin problemas la situación planteada.			
He expresado con claridad mis opiniones.			
He escrito sin problemas anécdotas del pasado.			
No he cometido errores graves de gramática.			
No me ha faltado vocabulario.			
He organizado bien el tiempo disponible.			
Nivel de estrés (de 1 –mínimo– a 5 –máximo–).			

¿Qué puedes hacer para mejorar tus resultados la próxima vez? Anota aquí tu comentario.

PRUEBA 3 EXPRESIÓN E INTERACCIÓN ESCRITAS

Prueba 4: Expresión e Interacción orales

●●●●● **Antes de empezar la prueba de Expresión e Interacción orales.**

Aquí tienes algunas instrucciones incluidas en la prueba de **Expresión e Interacción orales**. También hay preguntas que puede hacerte el entrevistador durante la prueba. Señala a qué tarea corresponden.

	FRAGMENTOS DE INSTRUCCIONES Y PREGUNTAS	TAREA 1	TAREA 2	TAREA 3	TAREA 4
1.	Le proponemos dos temas con algunas indicaciones para preparar una exposición oral. Elija uno de ellos.				
2.	Tienes un minuto para leer las instrucciones que aparecen en la lámina.				
3.	Usted debe dialogar con el entrevistador en una situación simulada durante dos o tres minutos.				
4.	Usted deberá mantener una conversación con el entrevistador sobre el mismo tema durante 3 o 4 minutos.				
5.	¿Qué tema has elegido?				
6.	El entrevistador no intervendrá en esta parte de la prueba.				
7.	Le proponemos dos fotografías para esta tarea. Elija una de ellas y obsérvela con detalle.				
8.	Esta tarea no la has preparado. Voy a darte medio minuto antes de empezar con tu descripción.				
9.	Posteriormente, el entrevistador le hará algunas preguntas. La duración total de esta tarea es de 2 a 3 minutos.				
10.	Tendrá que hablar durante 2 o 3 minutos sobre el tema elegido.				
11.	¿Qué cosas te parecen más positivas de ser joven? ¿Por qué?				
12.	¿Cuál es la última película que has visto? ¿Te gustó?				
13.	En tu opinión, ¿entienden los padres a sus hijos jóvenes? Justifica tu respuesta.				
14.	¿Tienes algún actor o actriz favorito?				
15.	¿Cuándo quieres que vayamos?				

Fuente: *Instituto Cervantes*.

! Comprueba tus respuestas en las **claves** de este modelo (pág. 84).

! Recuerda que en tres de las tareas de esta prueba del examen te van a ofrecer **dos opciones** para elegir, aunque en los modelo de *El Cronómetro, nivel B1* no sucede así.

Recuerda también que para desarrollar esta prueba te vamos a proponer **grabar** tu presentación para luego **poderla analizar**. Como en el anterior modelo, recuerda usar un para medir tu tiempo.

¡Ya puedes empezar esta prueba!

Modelo de examen n.º 3

Prueba 4: Expresión e Interacción orales

PREPARACIÓN

Tienes **15 minutos** para preparar las tareas 1 y 2. Sigue todas las **instrucciones**.

●●●●● 🕐 **Pon el reloj.**

Tarea 1

OPCIÓN: LA JUVENTUD ACTUAL

Aquí tiene un tema y unas instrucciones para preparar su exposición oral.

– Tendrá que hablar durante **2 o 3 minutos**. El examinador no interviene en esta parte de la prueba.

INSTRUCCIONES

Hable sobre cómo son los jóvenes de hoy.

– Incluya la siguiente información:

- cuál es su opinión sobre los jóvenes de hoy;
- a qué nuevos problemas tienen que enfrentarse los jóvenes de hoy; por qué;
- qué le parecen los jóvenes de su país, ¿son muy diferentes a los de otros países?;
- cómo es o cómo fue su juventud: cuente alguna experiencia personal.

– No olvide:

- diferenciar las partes de su exposición: introducción, desarrollo y conclusión final;
- ordenar y relacionar bien las ideas;
- justificar sus opiniones y sentimientos.

Tarea 2

❗ **Recuerda.** El objetivo de esta tarea es desarrollar una conversación sobre el tema que has presentado en la tarea 1. Durante el tiempo de preparación, no olvides preparar preguntas que podría hacerte el examinador. Prepara las respuestas, aunque luego el examinador no te haga esas preguntas.

❗ **¡Atención!** Te recordamos una vez más que durante el examen **está prohibido el uso de diccionarios** o de cualquier dispositivo electrónico.

Expresión e Interacción orales

¿Qué preguntas crees que te va a hacer el entrevistador? Anótalas aquí.

....
....
....
....

¿Cómo podrías responderlas?

....
....
....
....

¿Qué vocabulario crees que puedes necesitar en esta tarea? Haz una pequeña lista.

....
....
....
....

• • • • • ¿Cuánto tiempo has necesitado para preparar las tareas? Anótalo aquí: _____ min.

ENTREVISTA

¡Atención! Ya sabes que en esta tarea lo mejor es contar con la ayuda de un profesor, un hispanohablante o simplemente un compañero que lea las preguntas. Ya sabes que las puedes encontrarlas en el documento de las transcripciones de la *ELEteca*.

¡Atención! En este modelo hemos vuelto a elegir el **tuteo**.

Tarea 1

Pon la pista n.° 26. Escucha las instrucciones y las preguntas, y responde. Usa el botón de ⏸ *PAUSA* para responder o para volver a escuchar las preguntas.

Graba tu exposición.

La duración de esta tarea es de **2 a 3 minutos**.

El Cronómetro ■ Manual de preparación del DELE. Nivel B1

Tarea 2

🎞 **Pon la pista n.° 27.** Escucha las instrucciones y las preguntas, y responde. Usa el botón de ⏸ PAUSA para responder
27 o para volver a escuchar las preguntas que no entiendas bien.

🎤 **Graba** tus respuestas.

🕐 La duración de esta tarea es de **3 a 4 minutos**.

Tarea 3

❗ **¡Recuerda!** Esta tarea no tiene preparación. Escucha y lee las instrucciones y empieza a interactuar con el examinador a partir de las preguntas del examinador.

🎞 **Pon la pista n.° 28 antes de leer el texto.** Escucha las instrucciones y las preguntas, y responde. Usa el botón de
28 ⏸ PAUSA para responder.

🕐 Recuerda que la duración de esta tarea es de **2 a 3 minutos**, de los que 1-2 son para la descripción de la fotografía.

INSTRUCCIONES

Describa con detalle lo que ve en la foto y lo que imagina que está ocurriendo.

Estos son algunos aspectos que puede comentar:

- Las personas: dónde están, cómo son, qué hacen.
- El lugar en el que se encuentran: cómo es.
- Los objetos: qué objetos hay, dónde están, cómo son.
- ¿Qué relación cree que existe entre estas personas?
- ¿Qué cree que están haciendo en ese lugar?
- ¿Cómo cree que se sienten?

Posteriormente, el entrevistador le hará algunas preguntas.

🎤 **Graba** tu descripción de la fotografía.

🎞 **Pon la pista n.° 29.** Escucha las instrucciones y las preguntas, y responde. Usa el botón de ⏸ PAUSA para responder.
29

🎤 **Graba** tus respuestas.

82 Modelo de examen n.° 3

Expresión e Interacción orales

Tarea 4

¡Atención! Recuerda que esta tarea no la preparas. Tienes que leer las instrucciones y empezar a interactuar con el entrevistador a través de las preguntas que vas a oír.

Pon la pista n.° 30. Escucha las instrucciones y las preguntas y responde. Usa el botón de **PAUSA** si lo necesitas.

Graba tus respuestas.

La duración de esta tarea es de **2 a 3 minutos**.

Usted quiere quedar con un amigo para ir al cine.

El examinador será su amigo. Hable con él siguiendo estas indicaciones:

Durante la conversación con su amigo debe:
- Invitarle a ir al cine.
- Especificar el día, la hora y el lugar del encuentro.
- Preguntarle qué tipo de películas le gustan.
- Proponerle una película específica.
- Aceptar / rechazar sus sugerencias.

El Cronómetro ■ Manual de preparación del DELE. Nivel B1

CLAVES

Antes de empezar la prueba de Expresión e Interacción orales.

Tarea 1: 1, 5, 6, 10; **Tarea 2:** 4, 11, 13; **Tarea 3:** 7, 8, 9, 12, 14; **Tarea 4:** 2, 3, 15.

! Comentarios. Vuelve a leer los fragmentos de la tabla de la página n° 79 antes de leer estos comentarios.

1. Tarea 1. En la sala de preparación el personal de apoyo te va a ofrecer dos láminas, para que escojas un tema. Como el entrevistador te hará preguntas sobre este tema, es importante que escojas un tema que te resulte familiar; **2.** Tarea 4. No la preparas con anticipación, pero tendrás un momento para leer las instrucciones; **3.** Tarea 4. Después de ese momento de lectura, el entrevistador empezará la simulación; **4.** Tarea 2. El entrevistador te hará algunas preguntas sobre el tema que has escogido para la tarea 1. Durante la preparación, piensa en posibles preguntas que el entrevistador puede hacerte; **5.** Tarea 1. Recuerda que tú vas a elegir el tema con el que te sientas más cómodo. Debes comunicarle al entrevistador cuál has escogido; **6.** Tarea 1. En esta tarea, se va a evaluar tu capacidad de expresión, no habrá interacción con el entrevistador; **7.** Tarea 3. El entrevistador te mostrará dos imágenes para que escojas una. Te pedirá que la describas. Piensa que es mejor elegir la que tenga un tema familiar para ti, del que conozcas el vocabulario, y sobre la que puedas dar muchos detalles; **8.** Tarea 3. La lámina tendrá unas preguntas que pueden ayudarte a describir la imagen, y tendrás medio minuto para leerlas. Intenta dar respuesta a todas las preguntas; **9.** El entrevistador te hará algunas preguntas relacionadas con el tema de la imagen, pero serán preguntas personalizadas, o sea, tendrás que hablar de tus propias experiencias relacionadas con ese tema; **10.** Tarea 1. Recuerda que es importante que tu presentación dure unos 2-3 minutos. 🕐 Es importante que gestiones bien tu tiempo; **11 y 13.** Tarea 2. Las preguntas pueden ser de carácter general porque el tema es de carácter general. Te preguntan tu opinión personal. Es importante haber preparado una opinión sobre aspectos que no presentas en la tarea 1; **12 y 14.** Tarea 3. En esta parte las preguntas pueden ser de carácter más personal, y probablemente necesitas un vocabulario más práctico sobre el tema (en este caso, ir al cine, tiempo libre, ocio, etc.); **15.** Tarea 4. En esta tarea se desarrollan situaciones típicas, como quedar, invitar, etc. Tienes que conocer las frases que se usan en esas situaciones típicas.

🔊 Escucha tus intervenciones en cada prueba. Marca con una ✓ donde corresponda.

PRUEBA 4 — EXPRESIÓN E INTERACCIÓN ORALES

¿Cómo te ha ido esta prueba?	Sí	No
En la tarea 1 he utilizado el tiempo verbal correcto para hablar de una experiencia personal.		
En la tarea 2 he utilizado expresiones para dar mi opinión.		
En la tarea 3 he hablado de los detalles de la fotografía.		
En la tarea 4 he aceptado/rechazado sugerencias.		

	Tarea 1	Tarea 2	Tarea 2	Tarea 4
He seguido todas las instrucciones y he dado toda la información que he podido.				
He unido las ideas de una forma lógica.				
He justificado mis ideas y he dado ejemplos.				
He utilizado un vocabulario amplio relacionado con los temas propuestos.				
He hablado de una manera inteligible.				
Nivel de estrés (de 1 –mínimo– a 5 –máximo–).				

¿Qué puedes hacer para mejorar tus resultados la próxima vez? Anota aquí tu comentario.

....
....

DELE B1
Modelo de examen n.° 4

PRUEBA 1. COMPRENSIÓN DE LECTURA — 70 min.

PRUEBA 2. COMPRENSIÓN AUDITIVA — 40 min.

PRUEBA 3. EXPRESIÓN E INTERACCIÓN ESCRITAS — 60 min.

PRUEBA 4. EXPRESIÓN E INTERACCIÓN ORALES — 15 min. + 15 min.

Claves, comentarios y consejos.
En las tareas previas del **modelo 1** has visto la estructura general del examen. En el **modelo 2** nos hemos centrado en la dificultad de los textos. En el **modelo 3** hemos trabajado las tareas del examen. En este **modelo 4** vamos a concentrarnos en lo que puedes hacer durante el examen para realizar las tareas con éxito: técnicas y estrategias que te permiten, por ejemplo, organizar el tiempo, fijarte en lo importante o adelantarte a las preguntas. En los comentarios de las claves encontrarás más consejos.

Edinumen — El Cronómetro, manual de preparación del DELE. Nivel B1

Prueba 1: Comprensión de lectura

● ● ● ● ● **Antes de empezar la prueba de Comprensión de lectura.**

Durante el examen recibes un **cuadernillo** con los textos y preguntas, y una **Hoja de respuestas**. Lo único que vale para la nota es la **Hoja de respuestas**, el cuadernillo se destruye después, así que puedes escribir en él todo lo que quieras. ¿Qué puedes hacer durante el examen con el cuadernillo? Aquí tienes algunas ideas de candidatos que han participado en pruebas del DELE. Marca con qué tarea crees que tienen especial relación.

	¿QUÉ PUEDO HACER CON EL CUADERNILLO DE EXAMEN?	TAREA 1	TAREA 2	TAREA 3	TAREA 4	TAREA 5
1.	Leo primero las preguntas.					
2.	Me fijo en todos los títulos antes de leer los textos.					
3.	Leo primero los fragmentos.					
4.	Me fijo en qué tipo de carta es.					
5.	Subrayo palabras clave en las preguntas.					
6.	Marco la parte del texto que corresponde a cada pregunta.					
7.	Le pongo el número de la pregunta a cada fragmento de texto.					
8.	Releo el fragmento del texto y la pregunta correspondiente.					
9.	Marco palabras que sirven para relacionar ideas.					
10.	Busco palabras equivalentes en el texto y en las preguntas.					
11.	Intento resumir mentalmente el fragmento del texto.					
12.	Identifico el tema del texto o del fragmento.					
13.	Activo el vocabulario que conozco del tema.					
14.	Anoto al lado del texto palabras clave.					
15.	Me fijo mucho en las palabras que hay junto al hueco.					
16.	Activo mi conocimiento de la gramática.					
17.	(Otro)					
18.	(Otro)					

❗ Escribe dos ideas más. Cosas que solo haces tú. Es muy importante porque cada candidato es diferente y hace cosas diferentes: no hay recetas mágicas.

Finalmente, contesta a esta pregunta: ¿qué son *palabras clave*? Anota aquí tu comentario.

....
....

❗ Comprueba tus respuestas en las **claves** de este modelo (pág. 94).

¡Ya puedes empezar esta prueba!

Prueba 1: Comprensión de lectura

Pon el reloj al principio de cada tarea.

La prueba de **Comprensión de lectura** contiene **5 tareas**. Usted tiene que responder a **30 preguntas**.

Duración: **70 minutos**. Marque sus opciones en la **Hoja de respuestas**.

Tarea 1

INSTRUCCIONES

Usted va a leer seis textos en los que unas personas buscan ofertas de vacaciones y textos que informan sobre diferentes destinos de viaje. Relacione a las personas (1-6) con los textos que informan sobre las ofertas de viajes (A-J). HAY TRES TEXTOS QUE NO DEBE RELACIONAR. Marque las opciones elegidas en la **Hoja de respuestas**.

	PERSONA	TEXTO
0.	TOMÁS	G
1.	VANESA	
2.	JON	
3.	FRANCISCO	
4.	ALBA	
5.	ANA	
6.	ANTONIO	

0. TOMÁS: Este año, mi mujer y yo queremos hacer un viaje a algún lugar lejano. Hemos tenido un año muy estresante y queremos ir una semana a algún hotel de lujo.

1. VANESA: Queremos irnos los dos solos a algún lugar donde no tengamos que pensar en nada y podamos descansar, todo organizado. No tenemos mucho tiempo, menos de una semana.

2. JON: Este verano busco algo diferente. Quiero viajar los quince días libres que tengo y me gustaría ayudar a la gente de otros países al mismo tiempo que viajo.

3. FRANCISCO: Desde que no trabajo tengo mucho tiempo libre pero poco dinero. Me gustaría viajar solo unos pocos días a algún lugar cerca de Madrid, a alguna ciudad andaluza y... ¡ah!, que sea barato.

4. ALBA: Viajamos todas las compañeras de trabajo y queremos visitar otros continentes diferentes de Europa durante unas dos semanas. No queremos ni hoteles ni lujos. El precio no importa.

5. ANA: A mi pareja y a mí nos encanta hacer deporte. No nos gustan los hoteles y preferimos hacer muchos pequeños viajes al año y no uno solo demasiado largo. ¡Ah! y que no sea una habitación típica.

6. ANTONIO: No me gustan las montañas ni las zonas turísticas. Prefiero el mar y hacer viajes solidarios. Me preocupa mucho la conservación de las especies animales.

El Cronómetro ■ Manual de preparación del DELE. Nivel B1

OFERTAS DE VIAJES

A — **Tenerife. Oferta increíble**
Desde 290 euros por persona. Una semana en el hotel de tres estrellas "Palmera dorada". Salidas en avión desde Madrid y Barcelona. Solo incluye alojamiento. Hotel a escasos metros de la playa. Habitaciones con balcón y vistas al mar. Piscina y terraza con bar. Plazas disponibles en julio y agosto.

B — **Especial puente del 15 de agosto**
Viaje organizado por Andalucía. Visita a Sevilla y Granada. Dos noches en hotel de cuatro estrellas en Sevilla y una en Granada en hotel del mismo nivel (solo desayuno). Desplazamiento en autobús. Excursiones organizadas todos los días, con guía turístico incluido. Precios especiales para familias, jubilados y grupos. Desde 300 euros por persona.

C — **Roma romántica**
Disfrute de la ciudad de Roma desde tan solo 595 euros. Viaje en avión desde Barcelona, cinco noches en uno de los mejores hoteles de la ciudad (cinco estrellas) y una gran cantidad de excursiones organizadas. No se preocupe de nada, hotel con pensión completa, guía profesional y autobús para visitar la ciudad. Especial parejas.

D — **Crucero por el Mediterráneo**
Doce días de ensueño por el Mediterráneo, visitando los principales puertos de Francia, Italia y el norte de África. Precios especiales para parejas con niños y jubilados (desde 1500 euros por persona). Desayuno incluido.

E — **Safari por Kenia**
Salidas desde mayo hasta diciembre. Especial grupo (mínimo grupos de diez personas). Incluye avión, tasas de aeropuerto, pago al guía y alojamiento en tiendas. Desde 2500 euros (consultar extras por temporada). 15 días. ¡Siéntase parte de la aventura!

F — **Huesca**
Oferta de tranquilidad. Dos noches para dos personas por solo 78 euros en habitación doble estándar. Desconecte del estrés en esta casa rural de solo seis habitaciones del Pirineo aragonés. Disfrute de la naturaleza y de paisajes maravillosos. Desayuno incluido. Posibilidad de deportes de aventura: rutas en bici o a caballo, *rafting*, parapente…

G — **Riviera maya**
Gran oferta. Vuelo + Hotel + Traslado al hotel desde el aeropuerto. Salidas en julio, agosto y septiembre desde Madrid. 7 noches, "Hotel Occidental" cuatro estrellas. Desde 795 euros. Todo incluido. El precio no incluye excursiones. Seguro de viaje incluido. Lujo a precios económicos.

H — **Voluntariado en Costa Rica**
Cooperativa que forma parte de red de albergues turísticos. Viaja solo y conoce cómo se vive en una familia nativa. Precio desde 650 euros por quince días con todo incluido. Una experiencia inolvidable, un turismo responsable. Salidas todo el año.

I — **Expediciones en Malta**
Si te gusta la aventura y disfrutas de las sensaciones auténticas, puedes formar parte de una tripulación muy especial. Aprenderás técnicas de seguimiento de tortugas y delfines así como conocimientos básicos de navegación con la ONG "Mar Azul". Siete días a partir de julio desde 950 euros. Alojamiento en barco.

J — **Aventura en los Pirineos**
Podrás elegir entre múltiples opciones para adaptar esta aventura a tus posibilidades. Con alojamiento en el Centro de Senderismo y Actividades en la Naturaleza podrás alojarte en tiendas o bungalows e incluso optar por algún hotel. Podrás escoger un viaje más relajado o una aventura emocionante practicando senderismo, rapel, canoa… Cinco noches desde 330 euros, salida semanal.

• • • • • ¿Cuánto tiempo has necesitado para **esta tarea**? Anótalo aquí: _____ y vuelve a poner el reloj.

Comprensión de lectura

Tarea 2

INSTRUCCIONES

Usted va a leer un texto sobre los habitantes originales del sur de Chile. Después, debe contestar a las preguntas (7-12). Seleccione la respuesta correcta (a / b / c). Marque las opciones elegidas en la **Hoja de respuestas**.

LOS MAPUCHES

Los mapuches ('gente de la tierra', 'nativos' en mapudungún), también llamados araucanos por los conquistadores españoles en los tiempos de la llegada de los europeos a Chile, son un pueblo aborigen sudamericano que habita el sur de Chile y el suroeste de Argentina. De modo genérico, «mapuches» nombra a todos los grupos que hablan o hablaban la lengua mapuche o mapudungún y, de modo particular, se refiere a los mapuches de La Araucanía y sus descendientes.

A la llegada de los conquistadores españoles en el siglo XVI, habitaban entre el valle del Aconcagua y el centro de la isla de Chiloé, en el actual territorio chileno. Los grupos del norte, llamados «picunches» por los historiadores, estaban parcialmente controlados o influenciados por el Imperio inca y en su mayoría se sometieron a los conquistadores, pero quienes vivían en el territorio al sur del río Maule eran totalmente independientes de los incas y se opusieron también a los españoles en la llamada Guerra de Arauco, donde mostraron un destacado dominio del caballo, que fue un importante factor en el desarrollo de su cultura. Entre los siglos XVII y XIX los mapuches se expandieron al este de los Andes, de forma violenta en unos casos y pacífica en otros, en un proceso que significó la aculturación de los tehuelches y otros grupos de cazadores nómadas.

A fines del siglo XIX, los estados argentino y chileno ocuparon los territorios habitados por mapuches autónomos mediante operaciones militares llamadas «Conquista del Desierto» y «Pacificación de la Araucanía», respectivamente.

En los siglos XX y XXI han vivido un proceso de asimilación a las sociedades dominantes en ambos países y existen manifestaciones de resistencia cultural y conflictos por el reconocimiento y ejercicio de derechos políticos y sociales y la recuperación de la autonomía.

El sistema económico basado en la caza y la horticultura de las agrupaciones del siglo XVI, dio paso a una economía agrícola y ganadera en los siglos XVIII y XIX, convirtiéndose en un pueblo campesino luego del traslado forzoso a terrenos asignados por los gobiernos de Chile y Argentina. Con el paso del tiempo, este cambio en sus prácticas culturales y económicas ha conducido a una gran fragmentación cultural y subdivisión de la propiedad, como también en una migración hacia las grandes ciudades por parte de las generaciones más jóvenes, de modo que la población mapuche actual es mayoritariamente urbana, la cual vive principalmente en Santiago de Chile y Temuco, aunque vinculada en diferentes grados con sus comunidades de origen. Actualmente los mapuches sufren discriminación racial y social en sus relaciones con el resto de la sociedad, y según estadísticas censales, un gran número de ellos vive en la pobreza.

(Adaptado de *wikipedia.org*)

PREGUNTAS

7. En el texto se dice que…

    a) los españoles inventaron el nombre de mapuches.
    b) los españoles les cambiaron el nombre.
    c) mapuche es un nombre inca.

8. En el texto se dice sobre los mapuches que…

    a) los caballos eran muy importantes para ellos.
    b) los españoles les vencieron la Guerra de Arauco.
    c) los españoles se unieron a los incas contra ellos.

9. Según el texto, entre los siglos XVII y XIX los mapuches...

   a) migraron del este de los Andes.
   b) ocuparon la zona este de los Andes.
   c) dejaron de ser cazadores nómadas.

10. En el texto se dice que a finales del siglo XIX...

    a) los mapuches se unieron a Chile y Argentina como una región autónoma.
    b) hubo una guerra entre Chile y Argentina.
    c) Argentina y Chile conquistaron el territorio mapuche.

11. En el texto se dice que actualmente los mapuches...

    a) tienen divididos sus territorios y se marchan a las ciudades.
    b) están totalmente integrados en las ciudades.
    c) conservan mayoritariamente su cultura tradicional.

12. En el texto se dice que muchos mapuches...

    a) discriminan por la raza o la posición social.
    b) no se relacionan mucho con la sociedad.
    c) no tienen mucho dinero.

• • • • • 🕐 ¿Cuánto tiempo has necesitado para **esta tarea**? Anótalo aquí: _____ y vuelve a poner el reloj.

Tarea 3

INSTRUCCIONES

Usted va a leer tres historias sobre perros famosos. Relacione las preguntas (13-18) con los textos (A, B o C). Marque las opciones elegidas en la **Hoja de respuestas**.

PREGUNTAS

		A. BOBBY	B. HACHIKO	C. CANELO
13.	¿Qué perro se iba del lugar solo cuando hacía mal tiempo?			
14.	¿Sobre qué perro se han hecho películas?			
15.	¿Qué perro consiguió que ahora haya más perros de su clase?			
16.	¿El dueño de qué perro tuvo una larga enfermedad?			
17.	¿Qué perro iba siempre a la misma hora al mismo sitio?			
18.	¿Qué perro sigue mirando a su amo?			

> Comprensión de lectura

A. BOBBY

Bobby era el terrier de John Gray, un policía de la ciudad de Edimburgo. En 1858, Gray murió de una tuberculosis. Bobby pasó el resto de los catorce años de su vida sobre la tumba de su amo.

Solo se marchaba a veces para beber y conseguir comida, o cuando nevaba demasiado. Con los años Bobby se convirtió en una leyenda local y algunas personas empezaron a alimentarlo y a darle un refugio en invierno. En 1867 el ayuntamiento salvó a Bobby de la perrera y le declaró propiedad del Consejo de la Ciudad. Bobby murió sobre la tumba de su amo en 1872. La gente construyó una fuente con una estatua en su honor que mira hacia la tumba de su dueño.

B. HACHIKO

Hachiko fue un perro de raza Akita nacido en 1923. Iba todas las noches hasta la estación de trenes Shibuya de Tokyo para recibir a su dueño cuando este llegaba del trabajo. Su dueño falleció en 1925 y Hachiko quedó abandonado en las calles pero, durante 11 años, siguió yendo todas las noches a la estación cuando llegaba el tren en el que solía llegar su amo.

Gracias a un artículo publicado en el periódico más importante de Tokio, Hachiko se hizo famoso en Japón y se escribieron poemas e historias, e incluso su historia se llevó a la pantalla dos veces. Con su fama consiguió salvar a su raza de la desaparición. Hachiko es además recordado con una estatua en la estación de Shibuya.

C. CANELO

Canelo era el perro de un hombre solitario que vivía en Cádiz a finales de los 80. El perro era su mejor amigo y único compañero. Una vez por semana iban al hospital para el tratamiento del hombre. Canelo siempre se quedaba esperándolo en la puerta y cuando salía se dirigían juntos a casa. Esa fue su rutina durante mucho tiempo.

Un día el hombre murió en el hospital. El perro se quedó allí sentado, esperando durante doce años. Ni el hambre ni la sed lo apartaron de la puerta. Los vecinos le llevaban agua y alimentos e incluso lograron que no fuera sacrificado. En el 2002 Canelo murió. En Cádiz hay una placa y una calle con su nombre.

(Adaptado de http://tejiendoelmundo.wordpress.com, España)

• • • • • 🕐 ¿Cuánto tiempo has necesitado **esta tarea**? Anótalo aquí: _____ y vuelve a poner el reloj.

Tarea 4

INSTRUCCIONES

*Lea el siguiente texto, del que se han extraído seis fragmentos. A continuación lea los ocho fragmentos propuestos (A-H) y decida en qué lugar del texto (19-24) hay que colocar cada uno de ellos. HAY DOS FRAGMENTOS QUE NO TIENE QUE ELEGIR. Marque las opciones elegidas en la **Hoja de respuestas**.*

LA HISTORIA DE LAS TARJETAS DE CRÉDITO

Hoy en día están en todas partes, pero hubo un tiempo en el que no existían. Las tarjetas de crédito llevan bastante tiempo entre nosotros, pero existen desde mucho antes de lo que muchos creen.

19. _____. Su fundador, Frank X. McNamara, fue a cenar a un restaurante donde curiosamente estaban hablando de un cliente que tenía problemas para pagar sus deudas. Pero se dio cuenta de que había olvidado llevar suficiente dinero para pagar la cuenta. **20.** _____. Al principio estaba pensada para ser usada como medio de pago en restaurantes, para ello el señor McNamara tuvo que convencer a muchos restaurantes de que aceptaran su tarjeta. Aunque la historia de McNamara es conocida, lo cierto es que la tarjeta de crédito no fue un invento suyo. Según un "working paper" (documento de trabajo) de la Reserva Federal de Filadelfia, las tarjetas de crédito empezaron a emitirse en la primera década del siglo XX. **21.** _____.

Aunque hubo intentos de lanzar tarjetas de crédito universales, estas no aparecieron hasta más tarde. En el año 1958 se creó BankAmericard (hoy VISA) e Interbank Card Association (hoy MasterCard). **22.** _____ American Express lanzó su primera tarjeta de crédito en 1958, al principio eran de papel, pero al año siguiente empezaron a emitirse de plástico.

Aunque las tarjetas de crédito llevaban tiempo en Estados Unidos, no fue hasta los años 60 cuando se introdujeron en España y no se generalizaron hasta los años 80. **23.** _____.

Actualmente las tarjetas de crédito y de débito se siguen renovando. Estamos viendo como poco a poco se está dejando de utilizar la banda magnética por los chips, más seguros todavía. Además se está trabajando en tarjetas de crédito con tecnología RFID, de forma que solo habrá que acercarlas al lector y no introducirlas. También son muy utilizadas en las compras por Internet, creándose incluso tarjetas específicas para ser usadas en la red, algunas de ellas virtuales. Pero también surgen sistemas de pagos alternativos a la tarjeta de crédito, como por ejemplo PayPal. **24.** _____.

(Adaptado de *www. actibva.com/magazine*, España)

FRAGMENTOS

A. También los sistemas de pago mediante el teléfono móvil se empiezan a introducir en el mercado amenazando a los tradicionales, especialmente en Japón.

B. La tarjeta de crédito moderna había nacido.

C. En la actualidad en nuestro país más del 70% de la población las utiliza y su número sigue creciendo.

D. En principio las emitieron compañías de gasolineras y grandes almacenes, pero no tuvieron mucho éxito dado que solo se podían utilizar en áreas geográficas y establecimientos concretos.

E. Otro de los problemas a los que muchos usuarios se refieren es el de las altas comisiones de los bancos.

F. Normalmente se suele hablar de la primera tarjeta como la que sacó Diners Club.

G. Además, las primeras tarjetas causaron bastantes problemas en los Estados Unidos.

H. Viendo que era un situación muy incómoda, fundó la empresa Diners Club (el club de los que van a cenar).

• • • • • 🕐 ¿Cuánto tiempo has necesitado para **esta tarea**? Anótalo aquí: _____ y vuelve a poner el reloj.

Comprensión de lectura

Tarea 5

INSTRUCCIONES

Lea el texto y rellene los huecos (25-30) con la opción correcta (a / b / c). Marque las opciones elegidas en la **Hoja de respuestas**.

Estimado Señor De Andrés:

En respuesta a su carta del 25 de abril, tenemos el placer de comunicarle que, conforme a sus instrucciones, _____25_____ a nombre de su empresa cinco habitaciones para el 12 y 13 del mes que viene. Estamos seguros de que les _____26_____ tanto las habitaciones como el servicio de nuestros empleados.

En cuanto a la reserva que nos pide del salón "Atlántico", podemos _____27_____ que no hay ningún problema para su alquiler en los días que nos indica. ¿Podría indicarnos exactamente _____28_____ horarios prefiere?

Le adjunto, tal como nos solicita en su carta, un folleto con la lista de precios del hotel según temporada, así como el importe diario del alquiler del salón sin servicios adicionales. Naturalmente, el coste total depende de estos y, a modo indicativo, le incluyo algunos precios. No dude en consultarnos _____29_____ recibir más información.

Le rogamos que cuando _____30_____ al aeropuerto llame a nuestra recepción para ir a recogerle.

Atentamente,

Miguel Pardo
  Director

(Adaptado de http://felipemartin.unblog.fr)

OPCIONES

25. a) habíamos reservado   b) reservábamos   c) hemos reservado
26. a) gustaron   b) gusten   c) gustarán
27. a) decirlo   b) decirle   c) decirte
28. a) los   b) cuáles   c) qué
29. a) para   b) al   c) de
30. a) llegue   b) llegará   c) llega

• • • • • ¿Cuánto tiempo has necesitado para **esta tarea**? Anótalo aquí: _____ min.

CLAVES

Antes de empezar la prueba de Comprensión de lectura.

❗ **Comentarios.** Cada candidato tiene dificultades diferentes y resuelve la tarea a su modo. El examen no evalúa cómo haces las tareas, solo si las haces bien o no. Eso es lo que demuestra tu *nivel B1* tal y como está definido por el *Instituto Cervantes* (en el Plan curricular) y por el **Consejo de Europa** (en el Marco de referencia). Y las tienes que hacer en un 🕒 tiempo concreto: para esta prueba dispones de **70 minutos**, 14 minutos para cada tarea. Quizás no necesitas el mismo tiempo en cada una, pero sí hay algo claro: la tarea en la que necesitas más tiempo es la tarea que más tienes que preparar. En resumen, el objetivo de la preparación es: hacer bien la tarea en el menor tiempo para aprovechar el tiempo para la tarea en la que más lo necesitas. Por eso, esta distribución de ideas y tareas es relativa, aunque también es verdad que hay tareas que se resuelven mejor con unas técnicas de lectura que con otras.

Tarea 1: 1, 2, 5, 6, 8, 10, 12, 14; **Tarea 2:** 1, 2, 5, 6, 7, 8, 10, 12, 13, 14; **Tarea 3:** 1, 3, 5, 6, 8, 10, 12, 14; **Tarea 4:** 9, 10, 11, 12, 14, 16; **Tarea 5:** 4, 15, 16.

❗ **Comentarios.** Las **palabras clave** son palabras que te ayudan a resolver la tarea. Están en las preguntas y en el texto. Saber localizarlas es fundamental en las tres primeras tareas. En la tarea 4 también, aunque un poco menos, porque en esa tarea intervienen también las estructuras gramaticales. Primero te ayudan a localizar la parte del texto donde está la información que te permite resolver la tarea. Después, te indican cuál es la opción correcta, según la relación que haya entre las palabras. Puede ser una relación de equivalencia (para el mismo contexto se pueden sustituir) o una relación de contrarios. Para saber si te interesa una u otra relación, tendrás que mirar otros elementos del texto o de la pregunta, pero al menos tienes localizada la parte del texto que te interesa.

❗ Para trabajar estas técnicas y habilidades tienes al final del libro una amplia propuesta de actividades. ¡Aprovéchalas!

1 C	2 H	3 B	4 E	5 J	6 I	7 B	8 A	9 B	10 C
11 A	12 C	13 A	14 B	15 B	16 C	17 B	18 A	19 F	20 H
21 D	22 B	23 C	24 A	25 C	26 C	27 B	28 C	29 A	30 A

¿Cómo ha ido la prueba?	Tarea 1	Tarea 2	Tarea 3	Tarea 4	Tarea 5
Respuestas correctas.					
🕒 Tiempo utilizado en cada tarea.					
Me he orientado bien en la tarea porque la conozco.					
He entendido bien la relación entre el fragmento, el enunciado o la pregunta y el texto.					
He tenido tiempo para leer y releer bien las preguntas.					
He localizado fácilmente la parte del texto correspondiente a la pregunta, el fragmento o el enunciado.					
He podido activar mi conocimiento de la gramática.					
He marcado las palabras clave.					
Nivel de estrés (de 1 –mínimo– a 5 –máximo–).					

PRUEBA 1 COMPRENSIÓN DE LECTURA

¿Qué puedes hacer para mejorar tus resultados la próxima vez? Anota tu comentario.

Prueba 2: Comprensión auditiva

● ● ● ● ● **Antes de empezar la prueba de Comprensión auditiva.**

¿Qué puedes hacer con el **cuadernillo** durante esta prueba del examen? Aquí tienes algunas ideas de candidatos que han participado en pruebas auditivas del DELE. Marca con qué tarea crees que tienen especial relación.

❗ Algunas ideas pueden no ser útiles en ninguna tarea.

	¿QUÉ PUEDO HACER CON EL CUADERNILLO DE EXAMEN?	TAREA 1	TAREA 2	TAREA 3	TAREA 4	TAREA 5
1.	Escucho bien todas las instrucciones antes de empezar.					
2.	Marco con un círculo el nombre de las personas del diálogo.					
3.	Subrayo en la instrucción la parte de la situación.					
4.	Leo la situación e imagino rápidamente un posible diálogo.					
5.	Marco las palabras clave de las preguntas.					
6.	Marco palabras clave en las opciones.					
7.	Marco palabras clave en los enunciados.					
8.	Tengo en mente lo que sé de la tarea.					
9.	Anoto una lista de palabras relacionadas con el tema.					
10.	Anoto una lista de posibles temas.					
11.	Imagino que estoy en el lugar de una de las personas que hablan.					
12.	Me concentro solo en la pregunta.					
13.	Cierro los ojos y escucho con atención.					
14.	Espero a que termine el diálogo para contestar.					
15.	Si termino una tarea antes de tiempo, empleo el tiempo en leer las preguntas de la siguiente.					
16.	(Otro)					

❗ Escribe **una frase** más. Algo que solo haces tú. Es muy importante porque cada candidato es diferente y hace cosas diferentes: no hay recetas mágicas.

Finalmente, contesta a esta pregunta: ¿es importante la concentración en esta prueba? Anota aquí tu comentario.

....
....

❗ Comprueba tus respuestas en las **claves** de este modelo (pág. 100).

¡Ya puedes empezar esta prueba!

Modelo de examen n.º 4

Prueba 2: Comprensión auditiva

Pon las pistas n.º 31 a la 35. No uses el botón de ⏸ *PAUSA* en ningún momento. Sigue todas las instrucciones que escuches.

31-35

La prueba de **Comprensión auditiva** contiene **5 tareas**. Usted tiene que responder a **30 preguntas**. Marque sus opciones en la **Hoja de respuestas**.

🕐 Duración aproximada: **40 minutos**.

Tarea 1

INSTRUCCIONES

Usted va a escuchar seis mensajes del buzón de voz de un teléfono. Escuchará cada mensaje dos veces. Después debe contestar a las preguntas (1-6). Seleccione la opción correcta (a/b/c). Marque las opciones elegidas en la **Hoja de respuestas**.

🕐 Tiene **30 segundos** para leer las preguntas.

PREGUNTAS

Mensaje número 1

1. ¿Para qué llama la madre a Maite?
   a) Para anular una cita.
   b) Para hablar de lo del domingo.
   c) Para quedar con ella en la tienda.

Mensaje número 2

2. ¿Qué tiene que hacer Maite antes del domingo?
   a) Asistir a una invitación.
   b) Cerrar una lista de invitados.
   c) Confirmar que va a ir.

Mensaje número 3

3. ¿Qué necesita el padre de Maite?
   a) Una información.
   b) Un consejo.
   c) Nada.

Mensaje número 4

4. ¿Para qué necesita Carmen a Maite?
   a) Para mediar en un conflicto.
   b) Para ayudar en un problema.
   c) Para que le informe sobre su jefe.

Mensaje número 5

5. ¿Desde dónde llama el hombre?
   a) Desde el trabajo.
   b) Desde su casa.
   c) Desde la guardería del hijo.

Mensaje número 6

6. ¿Qué pasa si Maite acepta la oferta?
   a) Que tendrá un vestido de otro color.
   b) Que no tendrá lo que encargó.
   c) Que pagará menos.

Comprensión auditiva

Tarea 2

INSTRUCCIONES

Usted va a escuchar un fragmento del programa "A pie de calle", de una televisión autonómica española, en el que una española habla de cómo salió de la crisis. Escuchará la audición dos veces. Después debe contestar a las preguntas (7-12). Seleccione la respuesta correcta (a / b / c). Marque las opciones elegidas en la **Hoja de respuestas**.

Tiene **30 segundos** para leer los enunciados.

PREGUNTAS

7. En la audición Sandra se presenta como...

    a) una profesional con derechos.
    b) una gran trabajadora.
    c) una persona joven.

8. Según la grabación, la situación de Sandra se agrava porque...

    a) nunca le había pasado eso.
    b) tiene dos niñas.
    c) es una cuestión emocional.

9. En relación con su titulación académica dice que...

    a) siempre trabajó en esa profesión.
    b) la eligió muy contenta.
    c) fue una decisión muy arriesgada.

10. Con respecto a la búsqueda de trabajo opina que...

    a) solo quería trabajar en su profesión.
    b) nadie quería ofrecerle un contrato.
    c) influía su percepción personal.

11. Según la grabación, para abrir un negocio recomienda...

    a) el sector de la ropa infantil.
    b) elegir algo en lo que uno se implique.
    c) identificar lo que es fundamental.

12. Sandra concluye diciendo que el resultado de su decisión...

    a) le ha ayudado a no perder la ilusión.
    b) fue una sorpresa agradable.
    c) le ha ayudado a recuperar viejas amistades.

Tarea 3

INSTRUCCIONES

Usted va a escuchar seis noticias de un noticiero argentino de radio. Escuchará el programa dos veces. Después debe contestar a las preguntas (13-18). Seleccione la respuesta correcta (a / b / c). Marque las opciones elegidas en la **Hoja de respuestas**.

Tiene **35 segundos** para leer las preguntas.

PREGUNTAS

Noticia 1

13. En el desayuno previo a la reunión de países de Mercosur...
    a) uno de los presidentes ha llegado dos horas tarde.
    b) han hablado ya sobre uno de los temas de discusión.
    c) han tratado también con el representante de los Estados Unidos.

Noticia 2

14. La feria de tecnología Tecnópolis...
    a) no podrá tener lugar a causa de la lluvia.
    b) se ha suspendido por orden de la presidenta.
    c) empezó a celebrarse al mismo tiempo que una fiesta nacional.

Noticia 3

15. La Iglesia Católica de un país europeo...
    a) está muy enojada con una deportista de ese país.
    b) ha reconocido el valor de una tenista.
    c) ha enviado a un cura a un campeonato de tenis.

Noticia 4

16. Este año las familias que quieran ir al teatro...
    a) tendrán que prepararse para mayores gastos.
    b) tendrán que pagar más de 400 pesos por entrada.
    c) pagarán más de 70 pesos por niño.

Noticia 5

17. Alejandro Sabella, el seleccionador de fútbol, habló con un periódico...
    a) del estado de su casa.
    b) de cómo están las selecciones de otros países.
    c) del mal carácter de los argentinos.

Noticia 6

18. El servicio meteorológico pronostica...
    a) una vuelta de las tormentas por el noreste.
    b) lluvias desde el jueves.
    c) temperaturas que aumentarán.

Tarea 4

INSTRUCCIONES

Usted va a escuchar a seis personas que explican algunas dificultades en su trabajo. Escuchará a cada persona dos veces. Seleccione el enunciado (A-J) que corresponde al tema del que habla cada persona (19-24). Hay diez enunciados incluido el ejemplo. Seleccione **solamente seis**. Marque las opciones elegidas en la **Hoja de respuestas**.

Ahora escuche el ejemplo:

Persona 0 (Ejemplo)

La opción correcta es el enunciado F.

	A	B	C	D	E	F	G	H	I	J
0.						■				

Tiene **20 segundos** para leer los enunciados.

Comprensión auditiva

	ENUNCIADOS
A.	Dejó de hablar con una compañera hace 3 años.
B.	Perdió de pronto una buena relación.
C.	El jefe la trataba con mucha rabia.
D.	Siente la presión del jefe.
E.	Los problemas empezaron al volver al puesto de trabajo.
F.	Está preocupada por su futuro en la empresa.
G.	La situación ha empeorado progresivamente.
H.	Su decisión se debió a una persona injusta.
I.	No se entendía con el jefe por su juventud.
J.	Está a punto de acabar un contrato.

	PERSONA	ENUNCIADO
	Persona 0	F
19.	Persona 1	
20.	Persona 2	
21.	Persona 3	
22.	Persona 4	
23.	Persona 5	
24.	Persona 6	

Tarea 5

INSTRUCCIONES

*Usted va a escuchar una conversación entre dos amigos, Martín y Carla. Indique si los enunciados (25-30) se refieren a Martín (A), a Carla (B) o a ninguno de los dos (C). Escuchará la conversación dos veces. Marque las opciones elegidas en la **Hoja de respuestas**.*

Tiene **25 segundos** para leer los enunciados.

	A Martín	B Carla	C Ninguno de los dos
0. Se ha preguntado por la otra persona.	☐	✓	☐
25. No ha podido irse de vacaciones.	☐	☐	☐
26. Ha tenido que estudiar.	☐	☐	☐
27. Conoció a personas interesantes.	☐	☐	☐
28. Hicieron mucho deporte.	☐	☐	☐
29. A su regreso aprovechó bien el tiempo.	☐	☐	☐
30. Tiene que marcharse ya.	☐	☐	☐

CLAVES

Antes de empezar la prueba de Comprensión auditiva.

Tarea 1: 1, 5, 6, 8, 11, 15; **Tarea 2:** 2, 3, 4, 5, 6, 8, 9, 11, 15; **Tarea 3:** 5, 6, 8, 9, 10, 15; **Tarea 4:** 3, 4, 7, 8, 9, 11, 15; **Tarea 5:** 2, 3, 4, 7, 8, 11.

Fíjate que las frases 1, 12, 13 y 14 no tienen ninguna anotación. Aunque lo hacen algunos candidatos no son recomendables. Lo ideal es tener una forma activa de escuchar, y en lo posible, adelantarse a lo que se va a decir. Para eso, no hay que esperar a que terminen las instrucciones para empezar a hacer la tarea. Se puede marcar o subrayar la situación y el tema, subrayar palabras clave en las preguntas, opciones y enunciados, imaginar temas de conversación o de noticias, hacer pequeñas listas de palabras, imaginarse que uno está en esa situación. Finalmente, recuerda que todas estas técnicas son personales y que no hay recetas mágicas.

Comentario. *¿Es importante concentrarse?* Claro, es **muy importante** mantener la concentración. Algunos candidatos tienen problemas para hacerlo. Es bueno habituarse antes del examen y hacer prácticas de concentración auditiva. Mantener la mente descansada y atenta ayuda, porque el texto auditivo no lo puedes "fijar", no se detiene. De la misma manera, la memoria es importante. Un buen ejercicio puede ser escuchar los diálogos y repetirlos mentalmente. Recuerda, en todo caso, que cada candidato tiene un estilo diferente: sé fiel al tuyo propio.

¡Atención! Para trabajar estas habilidades tienes al final del libro una amplia serie de actividades. ¡Aprovéchalas!

1 A	2 C	3 B	4 B	5 A	6 C	7 B	8 C	9 A	10 C
11 B	12 B	13 B	14 C	15 A	16 A	17 B	18 C	19 B	20 E
21 D	22 H	23 J	24 G	25 C	26 A	27 B	28 A	29 A	30 B

¿Cómo ha ido la prueba?

	Tarea 1	Tarea 2	Tarea 3	Tarea 4	Tarea 5
Respuestas correctas.					
Ya estoy familiarizado con el tipo de texto.					
Pude reconocer y aislar palabras concretas.					
El acento o la velocidad no ha sido una dificultad.					
La cantidad de información no me ha desorientado.					
Los enunciados y preguntas eran comprensibles.					
He podido leer las preguntas y enunciados en el tiempo establecido.					
Los cambios de tema no han sido una dificultad importante.					
(Otro)					
Nivel de estrés (de 1 –mínimo– a 5 –máximo–).					

PRUEBA 2 COMPRENSIÓN AUDITIVA

¿Qué puedes hacer para mejorar tus resultados la próxima vez? Anota tu comentario.

Prueba 3: Expresión e Interacción escritas

● ● ● ● ● **Antes de empezar la prueba de Expresión e Interacción escritas.**

¿Qué puedes hacer durante el examen para realizar las tareas de esta prueba? Aquí tienes algunas cosas que hacen candidatos que han participado en pruebas del DELE. Marca si te parecen más o menos útiles.

	¿QUÉ PUEDO HACER CUANDO ESCRIBO EL BORRADOR?	Muy útil	Poco útil	No muy útil
1.	Poner el reloj en un lugar visible.			
2.	Identificar el tipo de texto que tengo que escribir.			
3.	Leer atentamente las pautas.			
4.	Leer atentamente el texto inicial.			
5.	Identificar claramente la situación.			
6.	Comparar las dos opciones.			
7.	Imaginarme que estoy en esa situación y soy esa persona.			
8.	Hacer una breve lista de expresiones junto a cada pauta.			
9.	Hacer una lista de vocabulario necesario.			
10.	Escribir solo un párrafo para cada pauta.			
11.	(Otro)			
12.	(Otro)			

	¿QUÉ PUEDO HACER CUANDO ESCRIBO EL TEXTO DEFINITIVO?	Muy útil	Poco útil	No muy útil
13.	Revisar las instrucciones antes de empezar a copiar el borrador.			
14.	No aumentar el número de palabras, más bien eliminar palabras.			
15.	No hacer borrones ni tachaduras.			
16.	No complicar el borrador, más bien simplificarlo.			
17.	(Otro)			
18.	(Otro)			

❗ Escribe **dos** frases más para cada parte. Cosas que solo haces tú. Es muy importante porque, como decíamos, cada candidato es diferente.

❗ Aunque las respuestas son totalmente personales, las puedes comparar con los comentarios que tienes en las **claves** (pág. 104).

❗ **¡Atención!** Recuerda el consejo del modelo 1: aunque en la tarea 2, el examen te da a elegir entre dos opciones. Escribe los dos textos durante tu preparación.

¡Ya puedes empezar esta prueba!

Prueba 3: Expresión e Interacción escritas

La prueba de **Expresión e Interacción escritas** contiene **2 tareas**. Haga sus tareas en la **Hoja de respuestas**.

Duración: **60 minutos**. Pon el reloj antes de cada tarea.

Tarea 1

INSTRUCCIONES

Usted ha leído la siguiente participación en un foro sobre problemas de pareja:

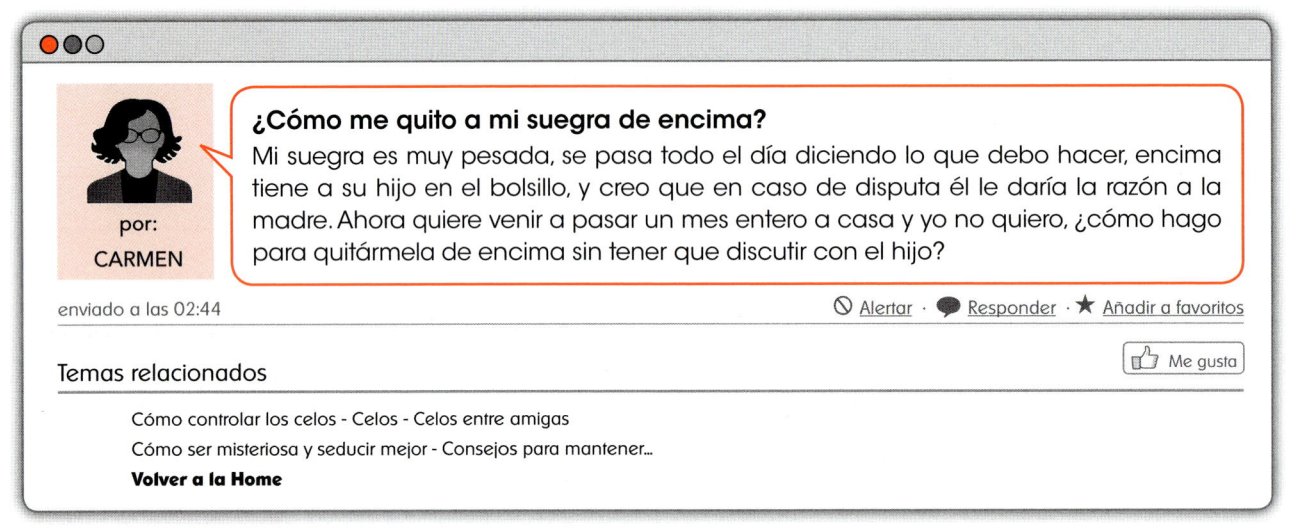

---

por: CARMEN

¿Cómo me quito a mi suegra de encima?

Mi suegra es muy pesada, se pasa todo el día diciendo lo que debo hacer, encima tiene a su hijo en el bolsillo, y creo que en caso de disputa él le daría la razón a la madre. Ahora quiere venir a pasar un mes entero a casa y yo no quiero, ¿cómo hago para quitármela de encima sin tener que discutir con el hijo?

enviado a las 02:44 · Alertar · Responder · ★ Añadir a favoritos

👍 Me gusta

Temas relacionados

Cómo controlar los celos - Celos - Celos entre amigas
Cómo ser misteriosa y seducir mejor - Consejos para mantener...
Volver a la Home

(Adaptado de *http://foro.enfemenino.com/forum/*, Argentina)

Escriba una respuesta para Carmen. En el texto deberá:

- *saludar;*
- *expresar su opinión sobre el caso de Carmen;*
- *comparar su caso con algún caso parecido;*
- *dar un consejo;*
- *despedirse.*

Número de palabras: **entre 100 y 120.**

● ● ● ● ● 🕐 ¿Cuánto tiempo has necesitado para **esta tarea**? Anótalo aquí: _____ y vuelve a poner el reloj.

Expresión e Interacción escritas

Tarea 2

INSTRUCCIONES

Elija solo **una** de las dos opciones que se le ofrecen a continuación:

OPCIÓN 1

Lea el siguiente mensaje publicado en un foro dedicado a los idiomas.

Foro: mis primeros pasos en un idioma nuevo

¿Cuántos idiomas sabes? ¿Cuáles dominas?
En este foro queremos compartir nuestras experiencias sobre el aprendizaje de idiomas. Para eso, queremos empezar por el principio: el primer curso, la primera clase, el primer encuentro. No importa el idioma, importa el encuentro. Cuéntanos tu experiencia y entre todos sacaremos una conclusión.

💬 Mensaje · 👥 Compartir · ★ Añadir a favoritos

Escriba un comentario en el blog en el que diga:

- de qué idioma quiere hablar y por qué;
- por qué empezó a aprenderlo;
- qué método usó para aprenderlo;
- qué personas estuvieron relacionadas con ese momento;
- qué es lo más positivo que recuerda de ese momento.

Número de palabras: **entre 130 y 150**.

● ● ● ● ● 🕐 ¿Cuánto tiempo has necesitado para **esta tarea**? Anótalo aquí: _____ min. y vuelve a poner el reloj.

OPCIÓN 2

Lea el siguiente mensaje que aparece en un blog de experiencias personales.

Blog: La hormiga incansable y el grillo creativo

Queridos grillos y hormigas. ¡Ya somos comunidad! Pasamos de los mil seguidores. ¡Enhorabuena! Esta semana os propongo el siguiente tema: PERSONAS INTERESANTES. Seguramente habéis conocido en vuestra vida a alguna persona, famosa o no, importante o no, que ha tenido en vosotros un efecto especial. ¡Compartamos esa experiencia! Y no olvidéis nuestro lema: trabajar como la hormiga y crear como el grillo. Así se llega a ser genio.

💬 Mensaje · 👥 Compartir

Redacte un texto para enviar al foro en el que deberá:

- presentarse;
- explicar de qué persona quiere hablar y cómo la conoció;
- describir sus rasgos físicos y de carácter;
- contar cómo fue su relación con esa persona;
- explicar cómo ha influido en su vida.

Número de palabras: **entre 130 y 150**.

● ● ● ● ● 🕐 ¿Cuánto tiempo has necesitado para **esta tarea**? Anótalo aquí: _____ min.

El Cronómetro ■ Manual de preparación del DELE. Nivel B1

CLAVES

Antes de empezar la prueba de Expresión e Interacción escritas.

⚠ **Comentarios.** La redacción del texto tiene varias fases: **1.º** leer las instrucciones y textos; **2.º** escribir el borrador; **3.º** revisar el borrador y corregirlo; **4.º** escribir el texto definitivo. Podemos establecer distintos criterios en cada fase.

Criterios en las fases 1 y 2 (creación del texto): es la fase más creativa. Tienes que tener en cuenta la situación planteada, el tipo de texto y el vocabulario. Es útil leer bien la situación e imaginarla con muchos detalles. También es útil hacer un esquema general (tipo de texto) y una lista de vocabulario relacionado con el tema.

Criterios de las fases 3 y 4 (corrección del texto): es la fase más analítica. Tienes que tener en cuenta el vocabulario utilizado, la gramática y la estructura del texto, si hay una idea clara a lo largo del texto y si las ideas y partes están bien relacionadas.

⚠ **Consejos.** Tanto para la fase creativa como para la fase de corrección, es útil **leer distintos tipos de textos** que te pueden ayudar a tener modelos claros. También es útil tener en cuenta aspectos que hemos visto en la prueba de comprensión lectora, en especial en la tarea 4 (partes del texto), y en la tarea 5 (corrección gramatical).

⚠ **¡Atención!** Para desarrollar estas habilidades tienes al final del libro algunas actividades. ¡Aprovéchalas!

¿Cómo ha ido la prueba?	Tarea 1	Tarea 2 Opción 1	Tarea 2 Opción 2
Número de palabras del texto que he escrito.			
🕐 Tiempo utilizado en cada tarea.			
He entendido bien el material ofrecido y lo he interpretado correctamente.			
He entendido sin problemas la situación planteada.			
He expresado con claridad mis opiniones.			
He escrito sin problemas anécdotas del pasado.			
No he cometido errores graves de gramática.			
No me ha faltado vocabulario.			
He organizado bien el tiempo disponible.			
Nivel de estrés (de 1 –mínimo– a 5 –máximo–).			

PRUEBA 3 · EXPRESIÓN E INTERACCIÓN ESCRITAS

¿Qué puedes hacer para mejorar tus resultados la próxima vez? Anota aquí tu comentario.

....
....

Prueba 4: Expresión e Interacción orales

●●●●● **Antes de empezar la prueba de Expresión e Interacción orales.**

¿Qué puedes hacer durante la preparación y la entrevista? Aquí tienes algunas ideas de candidatos que han participado en pruebas del DELE. Marca con qué tarea crees que tienen especial relación.

❗ **¡Atención!** Algunas ideas pueden ser útiles en más de una tarea.

	¿QUÉ PUEDO HACER DURANTE LA PREPARACIÓN?	TAREA 1	TAREA 2
1.	Hago un esquema con flechas (⟶).		
2.	Hago círculos y escribo palabras dentro.		
3.	Hago un dibujo.		
4.	Hago un triángulo y escribo palabras en las esquinas.		
5.	Subrayo palabras en el material de examen.		
6.	Escribo preguntas.		
7.	Cierro los ojos y pienso que ya estoy en la sala.		
8.	Cierro los ojos e imagino que soy el entrevistador.		
9.	Aprendo de memoria las respuestas que preparo.		

	¿QUÉ PUEDO HACER DURANTE LA ENTREVISTA?	TAREA 1	TAREA 2	TAREA 3	TAREA 4
10.	Pido la repetición de la pregunta.				
11.	Selecciono rápidamente los elementos más visibles.				
12.	Busco en mi mente palabras mientras miro la imagen.				
13.	Observo los gestos del entrevistador.				
14.	Atiendo al tono de la voz del entrevistador.				
15.	Pido que aclare alguna pregunta.				
16.	Pido que explique alguna palabra.				
17.	Le hago yo preguntas al entrevistador.				
18.	Respiro profundo y pienso antes de responder.				

❗ Escribe **tres frases** más para cada parte. Cosas que solo haces tú. Es muy importante porque cada candidato es diferente y hace cosas diferentes: no hay recetas mágicas.

❗ **¡Atención!** Comprueba tus respuestas en las **claves** de este modelo (pág. 110).

❗ **¡Atención!** Recuerda que para desarrollar esta prueba te vamos a proponer 🎤 **grabar** tu presentación para luego 🔊 **poderla analizar**. Como en el anterior modelo, no te olvides de usar un ⏰ para medir tu tiempo.

¡Ya puedes empezar esta prueba!

Prueba 4: Expresión e Interacción oral

PREPARACIÓN

Tienes **15 minutos** para preparar las tareas 1 y 2. Sigue todas las **instrucciones**.

• • • • • 🕒 **Pon el reloj.**

Tarea 1

OPCIÓN: LAS REDES SOCIALES PARA ENCONTRAR PAREJA

Aquí tiene un tema y unas instrucciones para preparar su exposición oral.

Tendrá que hablar durante **2 o 3 minutos**. El examinador no interviene en esta parte de la prueba.

INSTRUCCIONES

Hable de la costumbre de buscar pareja a través de Internet y de las redes sociales en concreto.
– Incluya la siguiente información:

- ¿Le parece normal buscar pareja por Internet?
- ¿Cree que usted podría encontrar pareja en Internet? ¿Por qué?
- ¿Qué le parecen los resultados de la encuesta? ¿Por qué?
- ¿Qué resultados cree que tendría esta misma encuesta en su país?
- ¿Para qué utiliza usted Internet normalmente? ¿Suele conectarse a redes sociales?
- ¿Conoce a alguien que haya conocido a otra persona por Internet? ¿Qué pasó?

No olvide:

- diferenciar las partes de su exposición: introducción, desarrollo y conclusión final;
- ordenar y relacionar bien las ideas;
- justificar sus opiniones y sentimientos.

Expresión e Interacción orales

Tarea 2

¡Atención! Te recordamos una vez más que durante el examen está <u>prohibido el uso de diccionarios</u>.

Como sabes, en la tarea 2 el entrevistador va a hacerte algunas preguntas. ¿Cuáles de las siguientes te parecen posibles? ¿Cuáles no? Marca con una **X** las cuatro preguntas que tú creas más probables. Luego, añade otras.

¿Ha usado Internet alguna vez para conocer a hispanohablantes? ☐
¿Le gustaría vivir en un país hispanohablante? ¿Por qué? ☐
¿Se imagina cómo sería su vida sin Internet? ☐
¿A qué actividades dedican su tiempo libre los jóvenes de su país? ☐
¿Piensa que en el futuro todas las parejas se conocerán en la red? ☐
¿Cuál es la última película que vio? ¿Le pareció interesante? ☐
¿Por qué es tan importante el estudio de lenguas extranjeras? ☐

....
....

¿Cómo podrías responder a las cuatro preguntas que has marcado?
....
....
....
....

¿Cuáles de las siguientes palabras o combinaciones de palabras crees que podrías necesitar durante la prueba? Selecciónalas. Añade otras palabras que tú conozcas.

relación a distancia	ONG	teléfono móvil	literatura
película de terror	pantalla	buscador	realidad virtual
página de contactos	deporte de riesgo	prensa digital	correo electrónico
red social	chat	televisión	entrenador

....
....

• • • • • 🕐 ¿Cuánto tiempo has necesitado para preparar las tareas? Anótalo aquí: _____ min.

ENTREVISTA

¡Atención! Intenta contar con la ayuda de otra persona que lea las preguntas de las diferentes tareas. Las preguntas puedes encontrarlas en el documento de las transcripciones de la *ELEteca*.

En este modelo de examen, la entrevistadora va a hablarte de **usted**. Recuerda mantener todo el tiempo ese tratamiento formal.

El Cronómetro ■ Manual de preparación del DELE. Nivel B1

Tarea 1

🎧 **Pon la pista n.° 36.** Escucha las instrucciones y las preguntas, y responde.

🎤 **Graba** tu exposición.

🕐 La duración de esta tarea es de **2 a 3 minutos**.

Tarea 2

🎧 **Pon la pista n.° 37.** Escucha las instrucciones y las preguntas, y responde. Usa el botón de ⏸ PAUSA si lo necesitas.

🎤 **Graba** tus respuestas.

🕐 La duración de esta tarea es de **3 a 4 minutos**.

Tarea 3

❗ **¡Recuerda!** Esta tarea no la preparas. Escucha y lee las instrucciones y empieza a interactuar con el examinador a partir de las preguntas que vas a oír.

🎧 **Pon la pista n.° 38 antes de ver la fotografía.** Escucha las instrucciones y las preguntas, y responde. Usa el botón de ⏸ PAUSA para responder.

🕐 La duración de esta tarea es de **2 a 3 minutos**, de los que 1-2 son para la descripción de la fotografía.

INSTRUCCIONES

Describa con detalle lo que ve en la foto y lo que imagina que está ocurriendo.

Estos son algunos aspectos que puede comentar:

- Las personas: dónde están, cómo son, qué hacen.
- ¿Cómo cree que se sienten?
- ¿Qué relación cree que existe entre estas personas?
- El lugar en el que se encuentran: cómo es.
- Los objetos: qué objetos hay, dónde están, cómo son.
- ¿Qué cree que están haciendo en ese lugar?

Posteriormente, el entrevistador le hará algunas preguntas.

🎤 **Graba** tu descripción de la fotografía.

🎧 **Pon la pista n.° 39.** Escucha las instrucciones y las preguntas, y responde.

🎤 **Graba** tus respuestas.

Expresión e Interacción orales

Tarea 4

¡Recuerda! Esta tarea tampoco la preparas. Escucha y lee las instrucciones y empieza a hablar con el examinador a partir de las preguntas que vas a oír.

Pon la pista n.° 40. Escucha las instrucciones y las preguntas, y responde. Usa el botón de **PAUSA** para responder y vuelve a escuchar las preguntas que no entiendas.

Graba tus respuestas.

La duración de esta tarea es de **2 a 3 minutos**.

INSTRUCCIONES

Usted va a pasar un mes en una ciudad que tiene carril-bici y un servicio de alquiler de bicicletas y acude a la oficina de turismo para solicitar información sobre este servicio.

El examinador será el empleado de la oficina. Hable con él siguiendo estas indicaciones:

Durante la conversación con el empleado usted debe:

- Expresar su interés por utilizar este servicio durante su estancia.
- Pedir información sobre los precios y las zonas donde hay carril-bici.
- Proporcionarle al empleado la información que solicite.
- Preguntar qué se puede hacer y que no se puede hacer mientras se usa el servicio.

El Cronómetro ■ Manual de preparación del DELE. Nivel B1

CLAVES

Antes de empezar la prueba de Expresión e Interacción orales

Tarea 1: 1, 2, 3, 4, 5, 6, 7; **Tarea 2:** 6, 8, 9 (esto no es muy recomendable, aunque muchos candidatos tienden a hacerlo). **Durante la entrevista. Tarea 1:** 12, 13, 18; **Tarea 2:** 10, 13, 15, 16, 17, 18; **Tarea 3:** 11, 12, 18; **Tarea 4:** 10, 13, 14, 16, 17, 18..

❗ **Durante la preparación.** Una de las habilidades más importantes de la entrevista es la imaginación. No solo puedes imaginar las preguntas que te van a hacer (y las respuestas que puedes dar), sino que también puedes **visualizar** toda la situación: la sala, el entrevistador, la luz, y sobre todo, a ti mismo dentro de ese ambiente. Eso puede ayudarte a relajarte, a estar tranquilo, y finalmente a pasar la prueba con éxito. Conservar la calma es fundamental, no bloquearte, dejar que las ideas fluyan.

❗ **Consejo.** Busca en Internet fotos de entrevistas más o menos formales (entrevistas de trabajo, por ejemplo), e imagina que estás en esas situaciones **¡y que tienes éxito!**

Durante la entrevista. Debes mantener la calma y la mente clara. El autocontrol es importante. Y claro, es un examen, y hay tensión y nerviosismo, es normal, pero el entrevistador va a intentar ayudarte a estar tranquilo. Aprovecha su ayuda.

❗ **Consejo.** Acostúmbrate a tener cierto grado de iniciativa. No solo te da más puntos: la sensación de controlar la situación te ayuda a hablar mejor y a recordar más el vocabulario o las estructuras necesarias. Y otra cosa: si lo necesitas, pídele más tiempo al entrevistador para pensar. 10 o 15 segundos pueden ayudarte mucho.

Preguntas posibles: 1, 3, 5 y 7.

Palabras útiles: relación a distancia, página de contactos, red social, pantalla, chat, teléfono móvil, buscador, prensa digital, televisión, realidad virtual, correo electrónico.

¿Qué tal te ha ido este modelo de examen?	Sí	No
Mi discurso es claro y las ideas están bien relacionadas.		
Mi pronunciación es adecuada aunque se nota mi acento.		
Corrijo mis errores gramaticales.		
Mi vocabulario es suficiente para describir situaciones.		

	Tarea 1	Tarea 2	Tarea 2	Tarea 4
Mantengo la conversación y colaboro con el entrevistador.				
Añado información: explicaciones, ejemplos, etc.				
Hablo sin pausas.				
Intento mostrar buen nivel gramatical usando diferentes estructuras.				
Intento mostrar buen nivel de vocabulario usando diferentes palabras relacionadas con el tema.				
Nivel de estrés (de 1 –mínimo– a 5 –máximo–).				

¿Qué puedes hacer para mejorar tus resultados la próxima vez? Anota aquí tu comentario.

PRUEBA 4 EXPRESIÓN E INTERACCIÓN ORALES

Extra

● ● ● ● ● Algunos **consejos** más para realizar la prueba con éxito. Marca los tres que te parecen más útiles.

1. Antes de entrar a la **sala de preparación**, intenta hacer alguna técnica de relajación. Ejemplo: respirar de forma pausada conservando el aire en tus pulmones durante unos segundos, visualizar un lugar en el que te sientas especialmente bien, etc.

2. En la sala de preparación, haz un esquema muy visual con todas las ideas sobre las que quieres hablar durante la **tarea 1**. De este modo, podrás consultarlas de forma rápida y… ¡sin leer!

3. Durante la preparación de la **tarea 1**, no olvides ordenar tu discurso de una forma lógica: introducción, desarrollo y conclusión. El uso de conectores puede serte muy útil.

4. Durante la preparación, intenta pensar en las preguntas que puede hacerte el entrevistador sobre el tema que has elegido en la **tarea 2**. También estaría bien que fueras elaborando tus respuestas.

5. En la conversación de la **tarea 2**, asegúrate de que has entendido lo que pregunta el entrevistador. Si no entiendes alguna cuestión, pídele que te la repita. En una situación de comunicación real haríamos lo mismo.

6. Para prepararte la **tarea 3** antes del día del examen busca y describe fotografías que tengas en casa donde haya acción. Recuerda que en las fotos de esta tarea suelen aparecer personas que están haciendo algo. No te olvides de describir a todas las personas y objetos que aparezcan en las fotografías.

7. En tu descripción de la **fotografía**, puedes ordenar la información teniendo en cuenta donde están situadas las personas y los objetos a los que te estés refiriendo.

    Ejemplos: *En el centro de la fotografía, podemos ver…; A la derecha, hay…; En la parte inferior,…; En la parte superior,…*

8. Las situaciones simuladas de la **tarea 4** siempre están relacionadas con necesidades cotidianas e intereses personales. Antes del día del examen, piensa en el tipo de interacciones que suelen aparecer en situaciones en las que tengas que hacer devoluciones, solicitar un servicio, formular una queja, confirmar o concertar una cita, quedar con amigos, etc.

9. Puedes practicar diferentes situaciones simuladas con un hablante nativo, un profesor o un compañero de clase.

10. Sigue todas las pautas que aparecen en las diferentes láminas y tarjetas. Recuerda que tienes que mencionar todos los puntos de información que aparecen en ellas.

11. No te olvides de que las tareas tienen una duración muy concreta. En las **tareas 1 y 3** gestiona bien el tiempo para mencionar todos los aspectos que consideres más importantes.

SILENCIO EXÁMENES (DELE)

Resumen de la preparación

⚠️ **¡Atención!** Este apartado puede ayudarte a tener una panorámica de tu preparación. Completa estas tablas con la información que has recopilado en las tablas de los modelos.

	Fecha	Tarea	🕐	Respuestas correctas	Dificultades / Problemas
Modelo de examen n.º 1		1			
		2			
		3			
		4			
		5			
Modelo de examen n.º 2		1			
		2			
		3			
		4			
		5			
Modelo de examen n.º 3		1			
		2			
		3			
		4			
		5			
Modelo de examen n.º 4		1			
		2			
		3			
		4			
		5			

	Fecha	Tarea	🕐	Respuestas correctas	Dificultades / Problemas
Modelo de examen n.º 1		1			
		2			
		3			
		4			
		5			
Modelo de examen n.º 2		1			
		2			
		3			
		4			
		5			
Modelo de examen n.º 3		1			
		2			
		3			
		4			
		5			
Modelo de examen n.º 4		1			
		2			
		3			
		4			
		5			

El Cronómetro ■ Manual de preparación del DELE. Nivel B1

	Fecha	Tarea	⏱ Resultados	Dificultades / Problemas
Modelo de examen n.º 1		1		
		2 – 1		
		2 – 2		
Modelo de examen n.º 2		1		
		2 – 1		
		2 – 2		
Modelo de examen n.º 3		1		
		2 – 1		
		2 – 2		
Modelo de examen n.º 4		1		
		2 – 1		
		2 – 2		

	Fecha	Tarea	🕐 Resultados	Dificultades / Problemas
Modelo de examen n.º 1		1		
		2		
		3		
		4		
Modelo de examen n.º 2		1		
		2		
		3		
		4		
Modelo de examen n.º 3		1		
		2		
		3		
		4		
Modelo de examen n.º 4		1		
		2		
		3		
		4		

Preparación

El día del examen

Algunos consejos para el día del examen.

■ Para la **inscripción** para el examen tienes que ir a un **centro de examen**. Ahí puedes encontrar toda la información necesaria. También tienes la página del **Instituto Cervantes**:

　🔗 http:// diplomas.cervantes.es/informacion/niveles/nivel_b1.html

■ Es importante **dormir bien** el día anterior y llegar **puntual** al centro de examen.

■ No olvides tu **documentación personal**: un documento de identificación con fotografía, así como la cita del examen.

■ No está permitido usar libros ni diccionarios. No necesitas llevar lápiz ni papel (te lo dan en la sala de examen). Solo tienes que llevar un **bolígrafo** para la prueba 3.

■ Completa bien los **datos personales** en las **Hojas de respuestas**, en especial el nombre, el apellido, y el número de inscripción, es muy importante.

■ Lee despacio y con atención **todas las instrucciones** del examen.

■ Mantén la calma y no olvides controlar el **tiempo** como lo has hecho durante la preparación.

■ Si tienes alguna **discapacidad** o minusvalía, es importante informar de ello en el momento de la **inscripción**.

■ Si tienes **preguntas**, es importante hacerlas directamente al centro del examen o a las personas relacionadas directamente con el Instituto Cervantes.

■ Si crees que algo no está bien en el examen (erratas o errores en el examen), puedes hacer una **reclamación**.

■ La **nota** llega a tu casa entre 4 y 6 meses después del día del examen. También puedes consultar el resultado en Internet en: *www.diplomascervantes.es*.

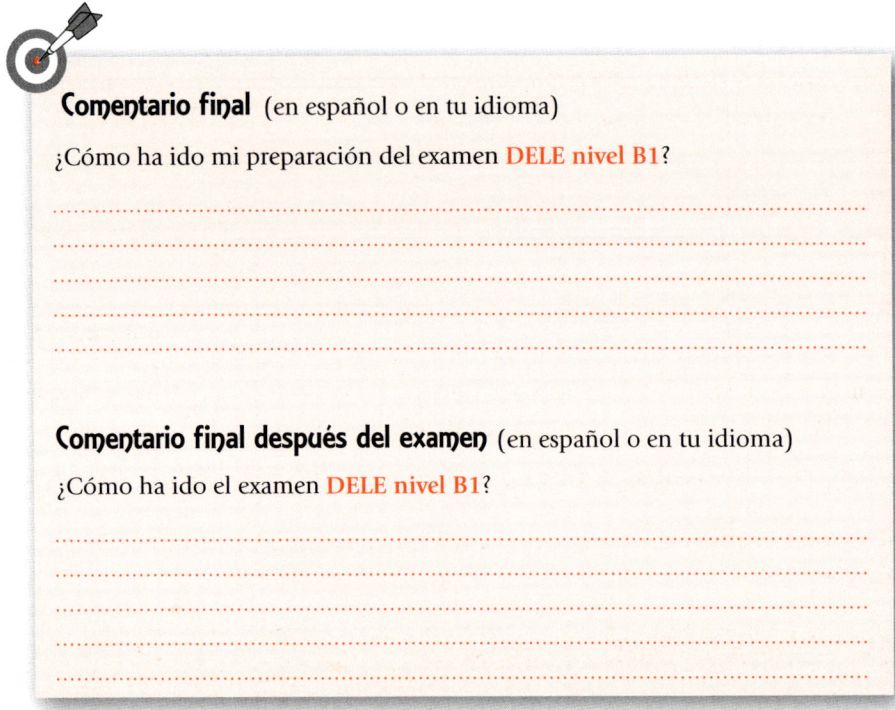

Comentario final (en español o en tu idioma)

¿Cómo ha ido mi preparación del examen **DELE nivel B1**?

....
....
....
....
....

Comentario final después del examen (en español o en tu idioma)

¿Cómo ha ido el examen **DELE nivel B1**?

....
....
....
....
....

Preparación

DELE B1 Actividades
Apéndice 1

- **COMPRENSIÓN DE LECTURA** — pág. 118
  Actividades, claves, comentarios y consejos.

- **COMPRENSIÓN AUDITIVA** — pág. 135
  Actividades, claves, comentarios y consejos.

- **EXPRESIÓN E INTERACCIÓN ESCRITAS** pág. 152
  Actividades, claves, comentarios y consejos.

¡Atención! En esta sección vas a encontrar actividades que te pueden ayudar a preparar las distintas pruebas del **DELE**, *nivel B1*. El objetivo es que desarrolles habilidades útiles para hacer el examen con éxito. Por eso, no están diseñadas exactamente como en el examen. En cada actividad puedes encontrar la referencia a la tarea y a la prueba de examen con la que están relacionadas. Está marcada con el símbolo.

Consejo. Te aconsejamos no hacerlas todas juntas, sino poco a poco, en paralelo con los modelos de examen.

• • • • • En estas actividades en general **no** es necesario poner el reloj. Las actividades no son exactamente como en el examen.

Edinumen — El Cronómetro, manual de preparación del DELE. Nivel B1

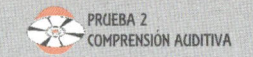

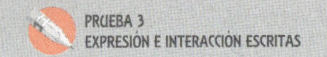

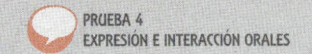

Prueba de Comprensión de lectura

Actividad n.º 1 Contraste entre el texto y las preguntas.

Tarea 2.

Aquí tienes los fragmentos del texto **El día de muertos** de la página 37 relacionados con tres preguntas y sus posibles opciones. Intenta explicar por qué las afirmaciones son correctas o falsas. Sigue el ejemplo.

¡Atención! En el examen no tienes que explicarlo, solo reconocer la opción correcta y marcarla en la **Hoja de respuestas**. Por eso, no es necesario que lo escribas en español.

1. Según el texto, en la cultura prehispánica…

Pregunta	Fragmento del texto	Correcto o falso
a) las celebraciones tenían lugar en los meses de septiembre y octubre.	Los indígenas mesoamericanos dedicaban a sus muertos el noveno y décimo mes del calendario azteca…	Falso. Habla del calendario azteca, y no del calendario que se usa en la actualidad.
b) las almas morían.	Los aztecas creían que las almas continuaban viviendo…	Falso.
c) el mes de *Tlaxcochimaco* duraba veinte días.	El noveno mes… era llamado Tlaxcochimaco… Ese día comenzaba la fiesta dedicada a los niños y que duraba los 20 días del mes.	Correcto.

2. En el texto se dice de los altares que…

Pregunta	Fragmento del texto	Correcto o falso
a) se montan en las tumbas.	en las casas se montan los llamados "altares de muertos".	
b) en ellos se les ofrece a los muertos comida y bebida.	Junto a los retratos de los fallecidos les colocan cosas a modo de ofrenda como platillos de comida…	
c) se adornan con velas que representan los cuatro elementos de la naturaleza.	Hay quienes, además, colocan cuatro velas que indican los cuatro puntos cardinales.	

3. En el texto se dice que los parientes…

Pregunta	Fragmento del texto	Correcto o falso
a) decoran las tumbas únicamente con " Flores de muerto".	las familias decoran las tumbas con coronas de rosas, girasoles, entre otras, pero principalmente de una flor llamada Cempaxóchitl, o "Flor de muerto"…	
b) visitan siempre las tumbas.	En el caso de que no se pueda visitar la tumba…	
c) ponen cosas al lado de los retratos de sus seres queridos.	Junto a los retratos de los fallecidos se colocan cosas a modo de ofrenda…	

Actividad n.º 2 — Palabras clave.

Tareas 1, 2 y 3.

La misma táctica que utilizas para comprender un texto en sentido general, puede ayudarte a encontrar las palabras necesarias para responder a la pregunta. Vas a probarlo. A continuación, tienes una serie de fragmentos de textos. Léelos rápidamente y establece el tema de cada uno. Para eso, tienes que localizar las palabras clave.

Fragmento de texto n.º 1

El 23 de abril de 1616 fallecieron Cervantes, Shakespeare y el Inca Garcilaso de la Vega. También en un 23 de abril nacieron –o murieron– otros escritores eminentes como Maurice Druon, K. Laxness, Vladimir Nabokov, Josep Pla o Manuel Mejía Vallejo. Por este motivo, esta fecha tan simbólica para la literatura universal fue escogida para rendir un homenaje mundial al libro y sus autores, y alentar a todos, en particular a los más jóvenes, a descubrir el placer de la lectura. En Cataluña, el 23 de abril se festeja el día de San Jorge, siendo tradicional el intercambio y regalo de rosas y libros entre parejas y personas queridas. Esta tradición fue uno de los argumentos utilizados por la Unesco para declarar el 23 de abril Día Internacional del Libro.

Tema del texto: ....

Fragmento de texto n.º 2

Este deporte tradicionalmente vasco es practicado principalmente en la zona norte de España. Generalmente requiere la participación de dos jugadores o equipos que golpean por turnos una pelota contra un muro, llamado frontón, hasta conseguir un tanto. La pelota sigue haciéndose artesanalmente y está formada por un núcleo, generalmente de madera de boj, y diferentes capas de látex y lana hasta la última de cuero que la envuelve. La cancha en la cual se juega se denomina *frontón*, existiendo una variante denominada *trinquete*.

Tema del texto: ....

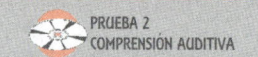

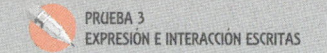

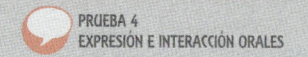

Fragmento de texto n.° 3

Los orígenes de la Feria de abril de Sevilla se remontan a 1846, año en el que un catalán y un vasco, Narciso Bonaplata y José María de Ybarra, pidieron autorización para celebrar una feria de ganado, aunque se celebró por primera vez al cabo de un año. Desde entonces se ha convertido en la fiesta más emblemática de la ciudad, centro de reunión de sus habitantes en el que, durante una semana, la tertulia y los amigos se convierten en el centro de la vida sevillana. De gran colorido, anualmente se realiza una puerta de acceso al recinto que conmemora algún monumento de la ciudad.

Tema del texto: ....

Lee ahora las preguntas y busca en el fragmento las palabras o expresiones necesarias para responder a las preguntas. Márcalas sobre el texto.

PREGUNTAS

1. Según el texto, el Día del Libro…

   a) es el día en el que nacieron, entre otros, Shakespeare y Cervantes.
   b) anima a los lectores más jóvenes a comprar rosas.
   c) coincide en Cataluña con otra celebración importante.

2. Según el texto, la pelota vasca…

   a) ha vuelto recientemente a hacerse a mano.
   b) es el deporte que más se practica en el norte de España.
   c) consiste en conseguir puntos golpeando una pelota contra un muro.

3. Según el texto, la Feria de abril…

   a) se celebró por primera vez a finales de 1846.
   b) es la fiesta más representativa de la ciudad.
   c) tiene cada año la misma puerta de entrada.

Ahora puedes seleccionar la opción correcta.

❗ Repasa lo que has visto sobre las palabras clave en el modelo n.° 4 (pág. 94).

Actividad n.º 3 Preguntas y temas.

🎯 **Tarea 3.**

En esta tarea es importante identificar rápidamente el tema de los enunciados. Relaciona los siguientes temas y la frase que trata ese tema.

❗ **¡Atención!** Uno de los temas tiene dos frases y otro no tiene frase.

Actividades

1	El precio
2	Las fechas
3	La edad de los participantes
4	Plazos de matrícula
5	La duración del curso
6	Las actividades que se realizan
7	Condiciones de la matrícula
8	El tipo de alojamiento
9	Los títulos

A	está dirigido a niños de hasta 12 años.
B	Podrá inscribir a su hijo hasta el uno de junio en el curso de…
C	tiene lugar durante todo el verano.
D	es más barato si se realiza la inscripción antes del 1 de julio.
E	Se impartirán clases teóricas en…
F	Al final del curso, se entregará un certificado en los cursos de…
G	Los niños residirán en una granja en el campamento de…
H	Por 369 su hijo recibirá clases de…
I	Si hace mal tiempo, se cancelarán las actividades al aire libre del curso de…
J	Puso todos los datos necesarios en el formulario.

Actividad n.º 4 Palabras en contexto.

🎯 **Tarea 2.**

Lee el siguiente texto y resuelve las tres preguntas que aparecen debajo.

TRADICIONES ASTURIANAS: L'AMURAVELA

L'Amuravela es una de las costumbres más antiguas de Cudillero. Se transmite de generación en generación y demuestra la especial devoción que el pueblo pixueto siente por su patrón San Pedro.

Esta antiquísima tradición, declarada de Interés Turístico Nacional en 1976, se basa en un pregón en verso que resume de manera irónica los acontecimientos del año y que se recita en esta localidad pesquera de la costa asturiana el 29 de junio, día de la festividad de su patrón San Pedro.

A pesar de que los orígenes de L'Amuravela no están claros, se acepta la teoría de que comenzó siendo un discurso de saludo. Cuando volvieron a Cudillero los marineros que habían acompañado a don Álvaro Menéndez en la conquista de Florida en el siglo XVI saludaron así a su santo patrón.

La primera celebración pudo tener lugar en 1569, año de construcción y posterior inauguración de la iglesia. Según la tradición, de la iglesia salen los habitantes del pueblo llevando a hombros las figuras de los santos. Una banda de música, seguida del clásico tambor y la gaita, los acompaña hasta la plaza de la Ribera. Allí se pronuncia el pregón hacia la una de la tarde desde una barca que los marineros han sacado del muelle y han adornado con banderas de colores. El pregonero, que también suele ser el autor del texto, va vestido con una camisa azul. Además, esta persona actúa de pregonero durante casi toda su vida.

El discurso, en verso y en pixueto, va dirigido a San Pedro. En un tono informal, se le narran los sucesos más importantes del pueblo, se le dan las gracias, se le piden favores y a veces incluso, incluye amenazas. Por este motivo, L'Amuravela ha sido suspendida en varias ocasiones.

(Adaptado de *http://www.amuravela.com/historia.htm*)

continúa →

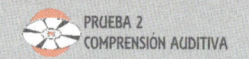

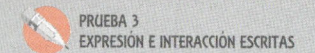

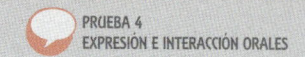

PREGUNTAS

1. Según el texto, L´Amuravela…

   a) hace referencia a lo que ha sucedido en los últimos seis meses.

   b) ha sido cancelada varias veces.

   c) solo trata temas de actualidad.

2. En el texto se dice que…

   a) la persona que elabora el texto y la que pronuncia el discurso no son la misma.

   b) el texto no está compuesto en el habla autóctona de Cudillero.

   c) se trata de una narración informal.

3. Según el texto…

   a) la historia de Cudillero describe con exactitud cuándo comenzó la tradición.

   b) el discurso es un saludo de los marineros a su capitán.

   c) la iglesia se concluyó en 1569.

Probablemente has tenido que "adivinar" el significado de algunas palabras. Durante el examen, como no puedes usar el diccionario, tienes que poder contestar correctamente a las preguntas del ejercicio sin saber lo que significan todas las palabras. Es importante, por eso, saber deducir su significado por el contexto. Aquí tienes algunos ejemplos procedentes del texto anterior. Vuelve a leerlo si es necesario para localizar el contexto de cada palabra y solucionar el ejercicio.

1. *Pixueto* significa…
   a) marinero
   b) de Cudillero
   c) religioso

2. *Devoción* es….
   a) decepción
   b) malestar
   c) intensidad en el sentimiento religioso

3. *Patrón* es…
   a) un santo protector
   b) el jefe de un barco pesquero
   c) alcalde

4. Un *pregón* es…
   a) una piedra grande
   b) una canción
   c) un texto que se recita

5. Un *discurso* es…
   a) una invitación
   b) un gesto hecho con la mano
   c) una exposición oral pública

6. *Conquista* significa…
   a) dominación de un territorio
   b) viaje de placer
   c) intercambio

7. *Inauguración* es…
   a) la primera apertura al público de un edificio
   b) la reparación de un edificio
   c) la cierre de un edificio

8. Una *gaita* es…
   a) una persona que dirige una banda musical
   b) un instrumento musical de viento
   c) un baile tradicional

9. *Muelle* es…
   a) una estructura alargada construida a la orilla del mar
   b) un aeropuerto
   c) un cementerio

10. *Amenaza* es….
    a) el acto de anunciar la intención de hacerle mal a alguien
    b) una flor de colores alegres
    c) un insulto

▶ Actividades

Actividad n.º 5 Localizando la frase en el texto.

🎯 **Tarea 2.**

Vuelve al texto sobre el cacao de la página 11. Explica por qué las opciones son verdaderas o falsas utilizando la información correspondiente del texto. Sigue el ejemplo de la primera frase.

1. La bebida se utilizaba para intercambio comercial.
   Falso. El fruto, no la bebida, llegó a convertirse en moneda y se comercializaba con ella.

2. La bebida era consumida originariamente por todas las clases sociales.
   ....

3. La bebida se elaboraba antiguamente añadiendo harina.
   ....

4. Hernán Cortés fue recibido por un dios en México.
   ....

5. Hernán Cortés volvió a México cada 52 años.
   ....

6. Hernán Cortés introdujo el cacao en España.
   ....

7. La Iglesia acabó permitiendo el consumo de chocolate.
   ....

8. Los monjes añadieron miel y azúcar a las especias de la receta original.
   ....

9. Los religiosos no podían tomar chocolate los días de ayuno.
   ....

Actividad n.º 6 Relaciones entre palabras.

🎯 **Tareas 1 y 3.**

Ya sabes que es fundamental localizar información rápidamente y contrastar datos. Para hacerlo, tienes que tener en cuenta cómo aparece la información en los textos y en las preguntas. En esta tarea vas a ver algunas relaciones que se pueden establecer entre las palabras. Primero, veamos un ejemplo.

La palabra "día" puede equivaler a "jornada", "fecha": *Recibirá 15 € por jornada trabajada = día trabajado; La fecha de hoy = día de hoy*. También puede equivaler a "martes" o "miércoles": *Cerramos los martes = Cerramos un día a la semana*. Por otro lado, la palabra "noche", que significa lo contrario, puede ser útil para crear una opción por incorrecta. Por ejemplo, *Farmacia de día, abierta de 9:00 a 21:00 ≠ La farmacia abre por la noche*.

Completa el siguiente cuadro con palabras que puedan estar relacionadas con las que te proponemos. Indica su relación mediante el símbolo = (significado equivalente) / ≠ (significado contrario).

continúa ➜

El Cronómetro ■ Manual de preparación del DELE. Nivel B1

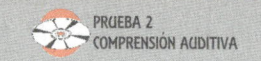

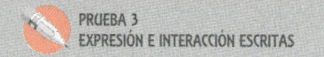

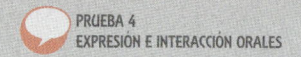

| PRUEBA 1 COMPRENSIÓN DE LECTURA | PRUEBA 2 COMPRENSIÓN AUDITIVA | PRUEBA 3 EXPRESIÓN E INTERACCIÓN ESCRITAS | PRUEBA 4 EXPRESIÓN E INTERACCIÓN ORALES |

Tabla 1

obra	técnica	formato	fecha límite	en equipo	relacionado	presentación

tema	cuartillas	residente	canjear	enviar	mayor de edad	profesional

¡Atención! La siguiente tabla corresponde al texto con la agenda cultura de Buenos Aires de la página 10. Completa la tabla con palabras de ese texto.

Tabla 2

a buen precio	colectivos	gratis	al aire libre	adaptación

antigüedades	comprar	espectáculos artísticos	los fines de semana	modernos

Actividad n.º 7 ¿Cuál de las dos?

Tarea 5.

Con frecuencia en este ejercicio aparecen los contenidos de la práctica que sigue. Aunque en el examen no tendrás que elegir entre dos opciones, como se te dan aquí, sino entre tres opciones, este ejercicio te puede ayudar a fijar tus conocimientos gramaticales.

A. Indefinidos: *algún(o)-a-os-as/alguien/algo // ningún(o)-a-os-as/nadie/nada)*.

1. ¿Hay _____ de cena? Me muero de hambre.
   a) alguno   b) algo

2. ¿Tienes _____ libro de Valle Inclán?
   a) algún   b) alguno

> **Actividades**

3. Todo el mundo tiene _____ tipo de problema.
   a) algo   b) algún

4. _____ está tranquilo desde que llegó a la empresa.
   a) Ninguno   b) Nadie

5. _____ veces pienso que hablo sin razón.
   a) Ningunas   b) Algunas

6. _____ está seguro de la respuesta correcta.
   a) Nadie   b) Alguno

7. ¿Tienes _____ en el horno? Huele a quemado.
   a) algo   b) nada

8. No hay _____ que hacer. Mejor nos vamos.
   a) algo   b) nada

9. No hay _____ motivo para llorar. Encontraremos la solución.
   a) ninguno   b) ningún

10. _____ de los testigos hablará. Todos tienen miedo.
    a) Nadie   b) Ninguno

B. **Posesivos**: *mi, tu, su, nuestro-a, vuestro-a, su/mis, tus, sus, nuestros-as, vuestros-as, sus // mío-a, tuyo-a, suyo-a, nuestro-a, vuestro-a, suyo-a/míos-as, tuyos-tuyas, suyos-as, nuestros-as, vuestros-as, suyos-as.*

1. ¿Has visto _____ móvil por algún sitio?
   a) mío   b) mi

2. Tengo todo _____ dinero en un banco de Suiza.
   a) mío   b) mi

3. ¿Son _____ estas gafas?
   a) tuyas   b) tus

4. Casi ni me acuerdo de _____ cara.
   a) suya   b) su

5. ¿Me dejas _____ moto media hora para ir a un recado?
   a) tuya   b) tu

6. Creo que una de las mejores propuestas es la _____.
   a) vuestra   b) vuestras

7. Necesito hacer una copia de _____ llaves.
   a) tu   b) tus

8. Señora Directora, le traigo _____ café.
   a) tu   b) su

9. Srta. Hernández, espero que _____ explicaciones por llegar tarde otra vez sean buenas.
   a) sus   b) tus

10. ¿Me lo prometes? ¿Me das _____ palabra de que esta vez te vas a portar bien?
    a) tuya   b) tu

C. *Muy/mucho-a-os-as.*

1. Tengo _____ ganas de verte.
   a) muy   b) muchas

2. Está _____ alto para su edad.
   a) mucho   b) muy

3. Esta paella está _____ mejor que la de hace dos semanas.
   a) mucho   b) muy

4. Esta niña es _____ traviesa.
   a) muy   b) mucha

5. Dale _____ recuerdos a Alberto.
   a) muchos   b) muy

6. Tengo que hacer _____ cosas hoy.
   a) muy   b) muchas

7. No tendrás problema para hacerlo, es _____ fácil.
   a) muy   b) mucho

8. Hay _____ personas que piensan lo mismo.
   a) muy   b) muchas

9. Tenía _____ libros de su padre, pero no leía nunca.
   a) muy   b) muchos

10. He comido _____ al mediodía, así que hoy no ceno.
    a) mucho   b) muy

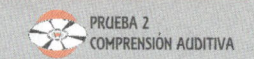

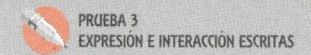

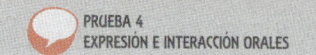

Actividad n.º 8 — Preposiciones

Tarea 5.

Como sabes, en esta tarea vas encontrarte un texto incompleto, y tendrás que elegir de entre tres opciones para completarlo correctamente. Vas a trabajar con frases aisladas para que te concentres en esos elementos. Completa las siguientes frases con la preposición adecuada.

¡Atención! A veces, el resultado es una contracción (*a + el = al* ; *de + el = del*) aunque aquí aparece la forma sin contraer para que elijas la opción adecuada.

1. En la habitación del hotel se veía una piscina magnífica _____ la ventana.
   a) para   b) desde   c) con

2. Me encanta el gazpacho _____ bastante ajo y vinagre.
   a) de   b) por   c) con

3. No soporto las ciudades _____ mar.
   a) sin   b) desde   c) para

4. Estoy seguro de que podemos hacerlo _____ todos.
   a) sin   b) hacia   c) entre

5. Te enviaré los informes _____ fax en cuanto los termine.
   a) de   b) desde   c) por

6. Siempre que vuelvo _____ mi pueblo en vacaciones siento una gran nostalgia.
   a) a   b) en   c) sin

7. Estoy buscando el anillo, que se me ha caído _____ el suelo.
   a) en   b) a   c) hacia

8. Si vas _____ casa, coge mi abrigo, que yo iré después.
   a) entre   b) para   c) con

9. Antes de cruzar debes mirar bien _____ los dos lados.
   a) entre   b) hasta   c) hacia

10. Debemos votar todos _____ esa ley, porque es una injusticia.
    a) a   b) contra   c) desde

11. He visitado _____ tu tía en el hospital. Deberías ir tú también.
    a) con   b) a   c) para

12. Sacaré el dinero mañana _____ el mediodía y te lo devolveré todo.
    a) para   b) por   c) a

13. Por favor, _____ llamar a Argentina, ¿cuál es el prefijo?
    a) para   b) por   c) con

14. Vamos a ver, Julio, ¿ _____ qué querías hablarme?
    a) con   b) de   c) hacia

15. Si quieres venir a mi casa, lo mejor es que dejes el coche en casa y vengas _____ metro.
    a) a   b) por   c) en

Actividades

Actividad n.º 9 **Pasados**

Tarea 5.

Completa las siguientes oraciones con la forma verbal adecuada (en pasado).

1. Esta mañana _____ a las 6. Estoy agotado.
   a) me he levantado   b) me levantaba   c) me estaba levantando

2. Cada vez que la _____ en el hospital le llevaba bombones.
   a) ha visitado   b) visitaba   c) había visitado

3. Cuando estudiaba en Londres, no _____ nunca.
   a) salía   b) ha salido   c) estaba saliendo

4. Ayer _____ una siesta por fin, cuando me llamó Ernesto.
   a) he hecho   b) estaba haciendo   c) hacía

5. Corre, date prisa, que ya _____ a llover y tengo la ropa tendida.
   a) empezó   b) ha empezado   c) estaba empezando

6. Cuando iba a la escuela, _____ de forma muy extravagante, pero ahora es muy elegante.
   a) vestía   b) vistió   c) ha vestido

7. Cuando _____ para casa, me encontré con Felipe.
   a) estaba yendo   b) iba   c) había ido

8. Cuando hablé con Cristina, me dijo que _____ muy enferma el año pasado.
   a) había estado   b) estaba estando   c) estaría

9. Cuando volví a ver a Nuria cinco años después, _____ en una mujer guapísima.
   a) se convirtió   b) se convertía   c) se había convertido

10. Ayer _____ una película aburridísima en el cine. No te la recomiendo.
    a) vi   b) veía   c) he visto

11. Este verano _____ en la isla de Santorini. Es un paraíso.
    a) estuvimos   b) estábamos   c) hemos estado

12. En el concierto del domingo lo _____ genial.
    a) hemos pasado   b) pasábamos   c) pasamos

13. Cuando conocí a mi marido, él _____ 17 años, y yo 23.
    a) tenía   b) tuvo   c) ha tenido

14. Isabel _____ muy triste cuando supo la noticia.
    a) se ponía   b) se estaba poniendo   c) se puso

15. Siento mucho llegar tarde. Es que no _____ el despertador.
    a) sonaba   b) estaba sonando   c) ha sonado

El Cronómetro ■ Manual de preparación del DELE. Nivel B1

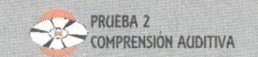

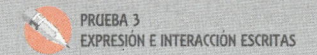

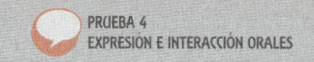

Actividad n.º 10 — Indicativo o subjuntivo.

Tarea 5.

Completa las siguientes oraciones con la forma verbal adecuada (indicativo o subjuntivo).

1. Es verdad que Miguel siempre _____ mentiras, pero creo que esta vez no.
   a) diga   b) dice   c) diría

2. ¿Quieres que _____ la película ahora o después?
   a) vemos   b) vimos   c) veamos

3. No creo que Domingo _____ ya. Son las siete.
   a) venga   b) viene   c) vendrá

4. Si quieres que tu hijo _____ este año, tienes que obligarle a estudiar.
   a) apruebe   b) aprueba   c) aprobó

5. No puedo creer que _____ aquí. ¡Qué sorpresa!
   a) estás   b) estarías   c) estés

6. Debes esforzarte más si _____ seguir trabajando en esta empresa.
   a) pienses   b) piensas   c) pensarás

7. ¿Tiene algún postre que no _____ azúcar?
   a) tiene   b) tendrá   c) tenga

8. ¿No crees que Susana _____ muy simpática?
   a) es   b) sea   c) será

9. Es posible que la casa a estas horas _____ vacía.
   a) esté   b) está   c) estará

10. Cuando _____ a Londres, llámame.
    a) vas   b) irás   c) vayas

11. Lo reconocí en cuanto le _____ entrar.
    a) vea   b) vi   c) veré

12. Está claro que la asesina _____ la amante del marido.
    a) sea   b) es   c) sería

13. Nadie quiere que _____ tú, porque has bebido mucho. Déjame a mí.
    a) conduzcas   b) conduces   c) conducirías

14. Supongo que _____ un buen motivo para llegar tan tarde.
    a) tienes   b) tengas   c) hayas tenido

15. Siento mucho que tu mujer no _____ venir a la fiesta.
    a) pueda   b) puede   c) había podido

Actividades

Actividad n.º 11 ¿Cuál de las dos opciones?

🎯 **Tarea 5.**

❗ **¡Atención!** Recuerda que en el examen no tendrás que elegir de entre dos opciones, sino de entre tres, pero esta práctica te familiarizará con los contenidos gramaticales que se te presentarán.

A. Preposiciones

1. ¿Conoces _____ mi hermana? Ven, que te la presento.
   a) con   b) a

2. ¿Va usted _____ Zaragoza? ¿Me puede llevar?
   a) sobre   b) para

3. Hoy no quiero salir. Me voy a quedar _____ casa.
   a) a   b) en

4. ¿_____ cómo estamos?
   a) A   b) En

5. Este informe tiene que estar terminado y corregido _____ mañana.
   a) por   b) para

6. Málaga debe estar _____ unos 1000 kilómetros de Barcelona.
   a) en   b) a

7. Mi casa nueva está muy bien, y lo mejor es que voy _____ pie al trabajo.
   a) de   b) a

8. Tengo muchas ganas _____ conocer a tus hijos.
   a) de   b) para

9. Cuando llegué _____ el pueblo, comprendí que no podría vivir allí.
   a) a   b) en

10. ¿Puedes pasarte _____ mi casa esta tarde y así te devuelvo los apuntes?
    a) por   b) para

B. Ser/estar/hay

1. ¿_____ segura de que no nos hemos perdido?
   a) Estás   b) Eres

2. Creo que la clase de Matemáticas hoy _____ en el aula 14.
   a) está   b) es

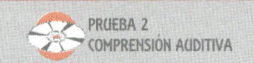

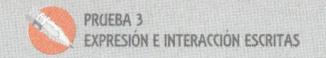

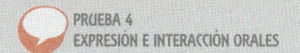

3. ¿De dónde _____ tu vecina? Habla con un acento raro.

   a) está   b) es

4. _____ demasiados alumnos en esta clase. Debemos hacer dos grupos.

   a) Están   b) Hay

5. Su novio _____ hoy muy trabajador y serio.

   a) está   b) es

6. El informe _____ en el cajón de la derecha, dentro de una carpeta negra.

   a) es   b) está

7. En este pueblo no _____ ni un bar para tomar algo.

   a) está   b) hay

8. _____ un día terrible. Me voy a la cama sin cenar.

   a) Ha estado   b) Ha sido

9. _____ tan cansada que se me cierran los ojos.

   a) Soy   b) Estoy

10. Esta _____ la oportunidad que llevo esperando toda mi vida.

    a) está   b) es

C. **Pronombres personales: tercera persona de pronombre complemento directo (*lo, la, los, las*)/indirecto (*le/les/se*)/de verbos pronominales (*se*)**

1. A mi primo _____ encanta el arroz con leche.

   a) se   b) le

2. Leandro ha dicho que eso no _____ interesa nada.

   a) se   b) le

3. Dice que para creerlo necesita que _____ lo demuestres.

   a) se   b) le

4. A Jesús _____ ha tocado la lotería.

   a) se   b) le

5. Tú dirás lo que quieras, pero María _____ cae fatal a Reme.

   a) se   b) le

6. A Joan _____ molesta mucho el ruido de los niños del colegio de enfrente.

   a) se   b) le

7. ¿_____ han marchado ya tus tíos?

   a) Le   b) Se

8. Ya podemos irnos, por fin _____ ha dormido.

   a) le   b) se

9. No _____ puedo entender.

   a) lo   b) se

10. Este problema _____ resuelvo yo en un minuto.

    a) la   b) lo

Actividad n.º 12 ¿Cuál de las tres opciones?

Tarea 5.

En estas frases, el elemento en **negrita** está mal seleccionado y tienes que elegir el correcto. Selecciona en las siguientes oraciones la palabra adecuada para sustituir la que está en negrita.

¡Atención! La actividad te puede ayudar a desarrollar la habilidad de reconocer elementos correctos. También aquí trabajamos con frases aisladas para que te concentres en cada caso.

1. Me encanta la carne muy **cocinada**.

   a) pelada   b) hecha   c) antigua

2. Tengo que irme, me está esperando mi **divorciado**.

   a) compañero   b) pendiente   c) soñador

3. A Julio le **odia** ir al cine.

   a) da   b) encanta   c) sienta

4. **Los** lava los dientes después de cada comida.

   a) Las   b) La   c) Se

5. No recuerdo **frecuente** el nombre de mi primer amor.

   a) rápido   b) bien   c) malo

6. Mi ropa huele tan bien porque la lavo **de** un detergente con suavizante.

   a) con   b) por   c) para

7. María **habría** ayer todavía en Berlín, porque no contestaba al teléfono.

   a) sería   b) estaría   c) iría

8. ¿Estás seguro de que has mirado bien y no aparece por **algún** sitio?

   a) ningún   b) alguno   c) ninguno

9. Está a punto de llover, **sácate** un impermeable.

   a) lávate   b) quítate   c) llévate

10. Marina, te dejo **tuyos** documentos en mi mesa. Revísalos cuando puedas.

    a) los   b) míos   c) suyos

continúa →

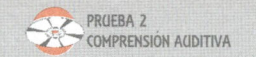

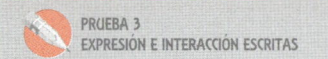

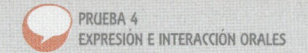

11. **Ese** mes hemos ganado más dinero que el anterior.

   a) Aquello   b) Eso   c) Este

12. El coche **quien** alquilamos no tenía aire acondicionado.

   a) cual   b) que   c) el que

13. Ernesto no asistirá hoy a la reunión **como** tiene fiebre.

   a) porque   b) cuando   c) que

14. Tienes que **viniendo** a mi casa este sábado. Celebro mi cumpleaños.

   a) venido   b) venir   c) venirla

Actividad n.º 13 — Completando frases.

Tareas 4 y 5.

Como sabes, en estas tareas del examen tendrás que completar un texto. Para ello también debes entender el texto. Las siguientes frases están cortadas. Para relacionarlas, puedes usar diferentes criterios, por ejemplo el uso necesario del subjuntivo, la concordancia de tiempos, las preposiciones que suelen ir con un verbo o un adjetivo, las palabras que suelen aparecer juntas, el significado de la frase, etc. Por ejemplo, si tenemos una frase que empieza así: "Este problema es imposible...", es muy posible que siga la preposición "de" con un infinitivo: "resolver", por ejemplo.

Utilizando estos recursos, une las frases de las dos columnas:

Principio...

1	Recuerda que estamos en un hospital,
2	Señoras y señores, estamos llegando
3	Si tienes tan buenas notas, eso es porque
4	Pues yo no creo que
5	Por favor, no vayas tan deprisa que
6	Ten más cuidado con ese jarrón, porque
7	A mí también me parece que este es
8	Si sigues siendo tan egoísta, nadie
9	¿Me das un trozo de tu bocadillo? Es que hoy
10	Anoche tuvimos que ir al hospital porque Quique
11	Dicen que ha estado dos años en China y
12	Estoy buscando una sartén pero
13	El testigo ha dicho que cree que
14	He estado toda la mañana con el informe, pero
15	Me dijo llorando que entre Mario y ella

...y final

a	has estudiado mucho durante el curso.
b	tengo miedo.
c	el mejor disco que ha editado este grupo.
d	vio al asesino salir de la casa.
e	me he olvidado el mío en casa y tengo hambre.
f	todo había terminado.
g	querrá salir contigo.
h	por eso, no debes hablar alto.
i	se cortó un dedo con el cuchillo.
j	no he tenido tiempo de terminarlo.
k	al aeropuerto de Barajas.
l	Carmen se divorcie.
m	es muy valioso, y lo heredé de mi abuela.
n	no ha aprendido el idioma.
ñ	que sea más grande que esta.

> **Actividades**

Actividad n.º 14 — Eligiendo el léxico adecuado.

🎯 **Tareas 1 y 3.**

En este ejercicio vas a activar tu conocimiento del vocabulario. Puede ser útil para realizar las tareas en las que las preguntas pueden presentar palabras equivalentes o no en un contexto concreto. Completa las siguientes oraciones con la opción correcta:

1. ¿Quieres que te fría unos huevos? Acércame la _____ .
   a) cacerola   b) sartén   c) olla

2. Estoy cansada de Juan. En casa no ayuda nada, se pasa el día sentado delante del _____ .
   a) cenicero   b) jarrón   c) ordenador

3. A Felipe le _____ loco el arte contemporáneo. No se pierde una exposición.
   a) vuelve   b) hace   c) da

4. Estos espárragos con jamón están un poco _____ .
   a) buenos   b) salados   c) deliciosos

5. Estas vacaciones las pienso _____ sin la familia.
   a) ir   b) haber   c) pasar

6. Me encantaría ir a verte a la isla, pero ya sabes que me mareo en el _____ y me da pánico volar.
   a) barco   b) trolebús   c) tranvía

7. Silvia _____ muchísimo estos dos meses, porque no para de comer dulces.
   a) ha perdido   b) ha adelgazado   c) ha engordado

8. Lo mejor para perder peso sin esfuerzo es dar un paseo _____ .
   a) cotidiano   b) propio   c) diario

9. Me encuentro fatal, con mucho catarro, y creo que tengo _____ también.
   a) temperatura   b) fiebre   c) cálido

10. Buenas tardes, quería _____ la reserva que tenía para este fin de semana, porque mi esposa se ha puesto enferma y no podremos ir.
    a) anular   b) confirmar   c) suspender

11. Quiero alquilar una casa para Navidad en la montaña, pero es imprescindible que tenga _____ , porque Julio es muy friolero.
    a) fuego   b) cocina   c) chimenea

12. Esta muela me está matando. Voy a ir esta tarde al _____ .
    a) dentista   b) médico   c) ginecólogo

13. Me encanta la casa de Luisa. Es mucho más _____ que la nuestra, y tiene una vista magnífica.
    a) lejos   b) soleada   c) tapada

continúa ➜

Apéndice 1 ■ Actividades

14. Lucía está muy _____ desde que murió su madre.

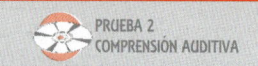

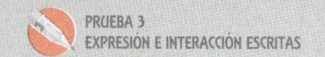

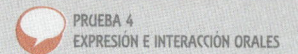

    a) sosa   b) deprimida   c) pesada

15. No _____ a tu tía Felisa. No hace más que hablar de bodas de famosos.

    a) soporto   b) detesto   c) odio

Actividad n.º 15   En busca del intruso.

Tareas 1 y 3.

Para seguir trabajando con el léxico, busca en cada línea una palabra que no se relaciona con las demás por su significado. Escríbela en la línea de la derecha.

1. pedante, pesado, antipático, guapo, modesto, cariñoso, alegre, aburrido ....
2. lluvia, tormenta, vacaciones, agua, trueno, nieve, viento, aire, brisa ....
3. difícil, grave, serio, enfermo, brusco, antipático, educado, egoísta ....
4. entender, adivinar, imaginar, pensar, correr, sospechar, odiar, gustar ....
5. soso, salado, caliente, quemado, frito, delicioso, roto, sabroso, crudo ....
6. amor, aire, cariño, simpatía, odio, atracción, rechazo, preferencia ....
7. hospital, discoteca, garaje, excursión, hotel, apartamento, oficina ....

Actividad n.º 16   Las dificultades de la tarea.

Tarea 5.

¿Cuáles son las principales dificultades de la tarea número 5? Anota aquí tus comentarios.

....
....
....
....
....
....
....
....
....
....

! Puedes encontrar las claves en la pág. 161.

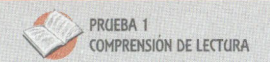

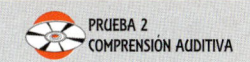

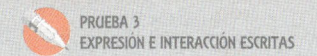

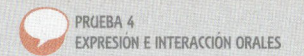

Prueba de Comprensión auditiva

Actividad n.º 1 El ejercicio visto por partes (1)

🎯 **Tareas 1 y 5.**

Observa el siguiente fragmento de diálogo:

> HOMBRE: *Oye, ¿qué horario tienes de clase?*
> MUJER: *De cinco a siete.*

Podemos ver en él tres elementos: una intención (¿qué quiere el hombre?), un lugar (¿dónde están esas personas?) y un tema (¿de qué hablan?). Las preguntas de estas tareas pueden incluir al mismo tiempo esos tres aspectos. La intención es pedir información, el lugar puede ser una universidad o una escuela, el tema es la hora de clase. En el examen tienes que identificar en la intervención del hombre esos tres elementos.

Relaciona en la siguiente tabla, las intervenciones (columna izquierda) y las intenciones que expresan (columna derecha).

1	Así que vienes a comer aquí desde el verano, ¿no?	a	pedir o dar información relacionada con el presente
2	Chica, pero… ¿qué llevas en esa bolsa tan grande?	b	pedir o dar información relacionada con el pasado
3	Miguel, espero que tengas suerte mañana en clase.		
4	Cuéntame, ¿qué te pareció el libro que te di?	c	confirmar una información
5	¿Me permite encender la luz? No se ve nada.	d	pedir o dar una opinión
6	¿Has estado alguna vez en el Museo Picasso de Barcelona?	e	pedir o dar permiso
7	Me encanta mi ciudad cuando sale el sol después de llover.	f	expresar deseos
8	Y usted, ¿a qué se dedica exactamente?	g	expresar gustos
9	No salgas a esta hora que hay mucho tráfico.	h	expresar sorpresa
10	¡Vaya, hombre! La que está cayendo ahora que voy a salir.	i	quedar con alguien
11	Si necesitas un consejo, lo que sea, llámame.	j	proponer algo
12	Perdone, ¿podría dejarme un momento el teléfono? Es algo urgente, ¿sabe?	k	hacer una reserva
13	Disculpe, quería reservar una mesa para tres para esta noche.	l	pedir un objeto
14	¿Qué te parece a las cuatro delante del cine?	m	quejarse de algo
15	Ana, si mañana hace bueno y te apetece, podíamos ir a la sierra.	n	dar una instrucción o un consejo
16	¿Tú crees que debería decírselo?, ¿qué hago?	ñ	pedir un favor o ayuda
17	Perdona, ¿puedes echarme un mano con esto? Yo solo no puedo.	o	ofrecer ayuda
		p	pedir consejo

❗ **¡Atención!** Observa que algunas veces se trata de situaciones formales, y otras veces de situaciones informales.

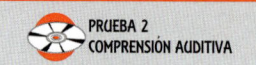

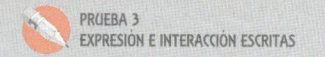

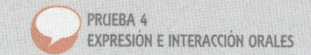

Actividad n.º 2 — El ejercicio visto por partes (2).

Tareas 1 y 5.

Podemos expresar una misma intención de varias maneras. Escribe la intención común a cada uno de estos grupos de frases como en el ejemplo:

0. Intención: <u>hacer una reserva</u>

   a) Disculpe, quería reservar una mesa para tres para esta noche.
   b) ¿Me puedes guardar un ejemplar y mañana te lo pago?
   c) Quería hacer una reserva para el jueves.

1. Intención: _____

   a) Sé sincero y dime la verdad, ¿cómo me queda esta chaqueta?
   b) Cuéntame, ¿qué te pareció el libro que te di?
   c) ¿A ti qué te parece esta foto para poner con el texto de la introducción?

2. Intención: _____

   a) Perdón, ¿sabe dónde queda el Museo Thyssen de Madrid?
   b) Y ustedes, ¿tienen ya toda la información necesaria?
   c) Javier, ¿por casualidad tienes una idea de la población de Alicante?

3. Intención: _____

   a) Mamá, ¿me dejas salir a la calle ahora? Ya he terminado los deberes.
   b) Disculpe, es que tengo un poco de prisa. ¿Me deja pasar?
   c) ¿Te molesta si me fumo un cigarrillo?

4. Intención: _____

   a) ¡Miguel, mi enhorabuena! Ojalá puedas ahora hacer ese viaje que tanto querías hacer.
   b) Bueno, adiós. ¡Y que te lo pases bien allá!
   c) Julián, que tengas mucha suerte en tu examen.

Como ves, la misma intención puede corresponder a lugares diferentes. Escribe junto a cada frase un lugar posible en el que puede darse esa frase.

Relaciona ahora esas mismas intervenciones con su tema.

1	¿Desde cuándo dices que vienes a comer aquí?
2	Disculpe, quería reservar una mesa para tres para esta noche.
3	Miguel, espero que tengas suerte mañana con la Historia.
4	Cuéntame, ¿qué te pareció el libro que te recomendé?
5	¿Qué te parece a las cuatro?
6	¿Has estado alguna vez en el Museo Picasso de Barcelona?
7	Me encanta mi ciudad cuando sale el sol después de llover.

a	un examen
b	costumbres en relación con la alimentación
c	la profesión
d	una cita
e	visitas culturales
f	ayuda
g	la ciudad

> Actividades

8	Y usted, ¿a qué se dedica exactamente?
9	No salgas a esta hora que hay mucho tráfico.
10	¡Vaya, hombre! La que está cayendo ahora que voy a salir.
11	Si necesitas un consejo, lo que sea, llámame.
12	Perdone, ¿podría dejarme un momento el teléfono? Es algo urgente, ¿sabe?
13	Ana, si mañana hace bueno y te apetece, podíamos ir a la sierra.

h	lecturas
i	horarios
j	la lluvia
k	tiempo libre
l	restaurante
m	una llamada urgente

Actividad n.º 3 — Seleccionar partes de la frase.

Tareas 1 y 5.

Para resolver el ejercicio muchas veces es necesario aislar uno o varios elementos de la frase del hombre o de la mujer. Escucha las siguientes diez intervenciones y complétalas. Trabajas con frases aisladas para que te concentres en esos elementos.

Escucha una vez la **pista n.° 41**.

1. Miguel, espero que tengas _____, y llámame cuando llegues.
2. ¿Cuánto tiempo hace que _____ aquí?
3. Dime, Javier, ¿qué te pareció _____ que te recomendé?
4. Chica, pero… ¿qué _____ tan bonito llevas hoy?
5. ¿Has estado alguna vez en _____ de Barcelona?
6. Y usted, ¿también se dedica a _____?
7. Me encanta _____ cuando sale el sol después de llover.
8. ¿Me permite encender _____? Hace muchísimo calor aquí.
9. Perdone, ¿podría dejarme un momento su _____? _____ no va bien, ¿sabe?
10. ¡Vaya, Javier! Ahora que voy a salir se pone a _____.
11. Si necesitas ayuda, una amiga, lo que sea, _____.
12. No salgas _____ tan tarde que hay mucho tráfico.
13. _____, quería reservar una habitación para tres personas.
14. Ana, si mañana no llueve y te apetece, podíamos ir a _____.
15. ¿Qué te parece si _____ a tu casa?

El Cronómetro ■ Manual de preparación del DELE. Nivel B1

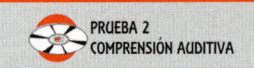

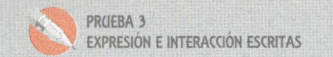

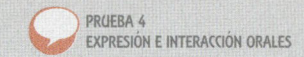

Ahora, relaciona cada intervención con una de las dos opciones de esta lista. Subraya en la opción correcta la palabra o parte de la frase que se relaciona con lo que has añadido. Te aconsejamos hacerlo escuchando de nuevo la **pista n.º 41**.

🔊 Escucha otra vez la **pista n.º 41**.
41

Esta actividad te ayuda a desarrollar tu habilidad para predecir lo que van a decir, y eso te ayuda a escuchar y leer las preguntas al mismo tiempo, una de las dificultades de toda la prueba de comprensión auditiva.

	Opción A	Opción B
1	Seguro que sí: ya sabes que me gusta mucho el tren.	Gracias, ya sabes que me gusta mucho ir de copas.
2	Bueno, compré este coche hace ya 15 años.	Bueno, compré este piso hace ya 15 años.
3	Bastante bueno, la verdad.	Bastante buena, la verdad.
4	¿Te gusta? Me lo compré en una tienda de moda de mi calle.	¿Te gusta? Lo compré en un supermercado de mi calle.
5	Sí, es una herramienta que uso con frecuencia.	Sí, es un sitio donde suelo ir con frecuencia.
6	Bueno, no soy ningún artista, es más bien una afición, ¿sabe?	Bueno, no soy ningún especialista, es más bien un interés general por el tema, ¿sabe?
7	A mí también me gusta el mío, pero en cualquier momento del día y de la noche.	A mí también me gusta la mía, pero en cualquier momento del día y de la noche.
8	Claro, pero por favor, no lo ponga muy salado.	Claro, pero por favor, no lo ponga muy fuerte.
9	Tenga cuidado que está un poco viejo y no se oye bien.	Tenga cuidado que está un poco gastada y no abre bien.
10	No te quejes, hombre, que el agua es buena para el campo.	No te quejes, hombre, que el sol es bueno para el campo.
11	Muchas gracias, aunque no sé si tengo tu número.	Muchas gracias, aunque no sé si tengo tu dirección.
12	No te preocupes, con Nicolás no trabajo a esta hora.	No te preocupes, los jueves no trabajo a esta hora.
13	Dime para cuándo la quieres.	Dígame para cuándo la quiere.
14	Pero es que han dicho que va a llover.	Pero es que han dicho que empieza muy tarde.
15	No, que ella ya ha venido tres veces.	No, que tú ya has venido tres veces.

Actividad n.º 4 Reconocer palabras aisladas.

🎯 **Tarea 5.**

Observa este ejemplo:

VOZ DE HOMBRE: *Me ha dicho Jaime que ayer estuviste en el zoo.*

VOZ DE MUJER: *Sí. Estuve donde los osos, que tanto me gustan, y vi también muchos pájaros, pero lo mejor fue que había un elefante nuevo, fantástico oye, recién llegado de África.*

▶ **Actividades**

Pregunta: ¿Cuál fue el **animal** que más le gustó a la mujer?

a)　　　　　　　　　　　　b)　　　　　　　　　　　　c)

Es importante en toda la prueba de comprensión auditiva reconocer palabras aisladas. En los siguientes fragmentos de diálogos faltan las palabras. Escucha los diálogos y completa las frases.

🔊 42　Escucha dos veces la **pista n.° 42.**

Texto n.° 1
▶ La semana pasada en el Parque del Retiro se celebró una ____**1**____ con ____**2**____.
▶ No hombre, no era una ____**3**____, sino que estaban ____**4**____ para una obra de ____**5**____.

Pregunta: ¿Qué se celebró en el parque?

Texto n.° 2
▶ ¿Qué tal fue la despedida de soltero de Laureano?
▶ Chévere, de verdad. Invitaron a un ____**6**____ muy divertido, y luego hubo ____**7**____ de esas que bailan con el vientre, muy animado todo. Qué pena que falló lo de la ____**8**____, oye.

Pregunta: ¿Qué echa de menos la mujer de la fiesta?

Texto n.° 3
▶ Carlos ya ha terminado de ordenar la casa y se va dentro de un rato.
▶ ¿Seguro? A ver, el ____**9**____ y el ____**10**____ ya están, a la ____**11**____ le falta el suelo. Dile que aún no puede irse.

Pregunta: ¿Qué tiene que hacer Carlos aún?

Texto n.° 4
▶ Clara, ¿te apetece venir este domingo ____**12**____ con nosotros?
▶ Bueno, mira, es que ya he quedado con Javier para ____**13**____ y luego quiero ir a una ____**14**____.

Pregunta: ¿A qué han invitado a esta señora?

Texto n.° 5
▶ Ayer te llamé y no estabas, ¿fuiste ____**15**____ como siempre?
▶ Pues eso pensaba, lo que pasó es que había una película muy interesante ____**16**____, pero en el último momento me llamó Mar y fuimos ____**17**____.

Pregunta: ¿Dónde fue la señora ayer por la noche?

Texto n.° 6
▶ Voy a bajar a la farmacia a comprar ____**18**____, que me duele la cabeza. ¿Necesitas algo?
▶ Mira, sí, tráeme mi ____**19**____ y una caja ____**20**____. No, espera, crema ya tengo.

Pregunta: ¿Qué le pide la señora al hombre?

Texto n.° 7
▶ ¿Fuiste por fin al museo de Historia Natural?
▶ Sí. Fui ayer. Había un ____**21**____ muy grande y muchos animales disecados, entre ellos ____**22**____. Pero lo que me impresionó fue la reconstrucción de ____**23**____ con sus huevos y todo.

Pregunta: ¿Qué le interesó más del museo a esta mujer?

El Cronómetro ■ Manual de preparación del DELE. Nivel B1　　　139

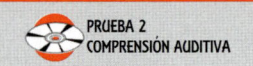

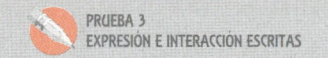

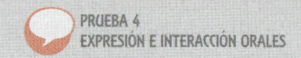

Además tienes que identificar en la frase elementos que dan más importancia a unos elementos o a otros en relación con la pregunta final. Obsérvalo en este ejemplo de la tarea 1:

▶ ¿Qué tal la película de ayer, Manolo? Me dijeron que el director es muy bueno.
▶ Me encantó, sobre todo por la cámara, aunque los actores tampoco lo hacían nada mal.

Enunciado: Lo que más le gustó fue la cámara.

Es decir, para seleccionar el enunciado hay que reconocer la expresión "sobre todo". Copia ahora en las siguientes frases ese tipo de elementos.

Escucha una vez la **pista n.° 43** y completa estos diálogos.

Texto n.º 8
▶ Ayer en la estación _____ 24 _____ un espectáculo de artistas de circo y teatro callejero.
▶ ¿Un espectáculo? _____ 25 _____ Estaban rodando un reportaje para la televisión.

Texto n.º 9
▶ ¿Qué tal?, ¿estuviste en el aniversario del jefe?
▶ Sí, claro, y nos pusieron una mesa muy bien servida, con entremeses, bebida. Lo único que _____ 26 _____ fue un poco de música.

Texto n.º 10
▶ ¿Has visto toda la casa ya? ¿Te gusta? ¿La alquilamos?
▶ Bueno, la cocina y el baño están bien. El salón, _____ 27 _____, es _____ 28 _____ pequeño.

Texto n.º 11
▶ Y anoche, ¿fuiste al cine?
▶ _____ 29 _____ Cambié de idea y _____ 30 _____ al teatro pero luego me llamó Julián y _____ 31 _____ a su casa a cenar.

Texto n.º 12
▶ Susana, ¿te apetece venir con nosotros al campo el fin de semana que viene?
▶ Lo siento, pero _____ 32 _____ tengo trabajo, y _____ 33 _____ voy a una conferencia sobre ecología muy interesante.

Texto n.º 13
▶ Voy a ir a por alcohol. Tengo que desinfectarme esta _____ 34 _____.
▶ Habérmelo dicho esta mañana, que he ido a comprar tiritas y unas aspirinas.

Texto n.º 14
▶ ¡Todo el día trabajando! ¡Cómo me duele la cabeza! No vuelvo a pasarme _____ 35 _____ delante del ordenador.
▶ Yo no tengo ese problema, _____ 36 _____ leo sobre papel, no me gusta la pantalla.

▶ Actividades

Actividad n.º 5 Motivos para dejar mensajes.

🎯 **Tarea 1.**

En la tarea 1 de esta parte del examen puedes escuchar mensajes grabados, muy frecuentemente mensajes del contestador. Esos mensajes pueden representar distintos tipos de situaciones.

1	Llaman de una escuela para informar de una reunión de padres.
2	Un jefe llama a un empleado para quejarse de que ha llegado tarde al trabajo.
3	Una dependienta de una tienda llama a la policía para denunciar a un cliente que ha robado un artículo.
4	Una madre llama a otra para hablarle de unas actividades de barrio y decirle que apunte a sus hijos.
5	Un lector llama a un periódico para dictar un anuncio que quiere que aparezca en el próximo número.
6	Un chico llama a su pareja para organizar un viaje.
7	Una empresa llama a varios empleados para comunicarles que van a ser despedidos.
8	La consulta de un médico informa de que no se atenderá a los pacientes en las próximas semanas.
9	El cliente de una empresa llama para hacer un pedido urgente.
10	Un amigo llama a otro para organizar una salida en coche.
11	Un chico deja un mensaje a sus padres para pedirles disculpas por no poder ir a comer.
12	Un chico llama a su exnovia y le deja un mensaje porque quiere volver a salir con ella.
13	Un hombre que se va de viaje le pide a una amiga que cuide del gato.
14	Una empresa informa de las nuevas medidas de seguridad para evitar robos.
15	Una tienda informa de los horarios de apertura durante los días de fiesta.
16	Una empresa informa de una oferta especial que quiere promocionar.
17	Una chica llama a una amiga para contarle un largo viaje del que acaba de volver.
18	Un hombre llama a su casa para decir que va a llegar más tarde de lo esperado.

Esas situaciones pueden expresarse en estilo formal (*usted*) o en estilo informal (*tú*).

¿Cuáles crees tú que suelen ser formales y cuáles informales?

○ Formales

● Informales

Apéndice 1 ■ Actividades

El Cronómetro ■ Manual de preparación del DELE. Nivel B1   141

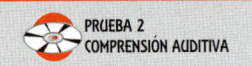

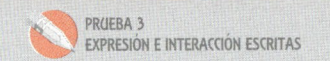

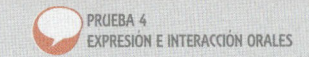

Actividad n.º 6 — Completando mensajes.

Tarea 5.

En esos mensajes, suele haber junto a datos concretos órdenes, consejos, peticiones, quejas, etc., que pueden ser justamente el objeto de las preguntas. Es importante entender bien los detalles. Completa los siguientes huecos en los mensajes con las frases que tienes a la derecha.

Mensaje 1

Hola, buenos días. Le llamo de la escuela de su hijo __1__ de la reunión que se ha celebrado esta mañana para organizar el viaje de fin de curso del centro. Al final hemos acordado que __2__ quince días en Asturias, así que __3__ que sus hijos vayan, __4__ en la secretaría lo antes posible. Es imprescindible que __5__ sus cosas de aseo personal, ropa de verano y también algo de abrigo. Dinero, preferiblemente en cheques de viaje. La próxima reunión informativa __6__ dentro de un mes. De todas formas, __7__ a través de una carta. Si tiene alguna duda, por favor, __8__.

a	será
b	llámenos
c	si desea
d	pasen
e	lleven
f	para informarle
g	se lo comunicaremos
h	deben decirlo

Si lo has completado bien, puedes responder a la siguiente pregunta (corresponde a una de las posibles tres opciones que pueden aparecer en el examen):

Pregunta. *En este mensaje se dice que todos los niños de la escuela van a hacer la excursión.*

    a) *Verdadero*
    b) *Falso*

Haz lo mismo con el siguiente mensaje.

Mensaje 2

Papá, papá, despierta ya. Soy Patricia, tu hija. Te estoy llamando desde Chicago. Papá, despierta, __9__ son solo las cinco, pero es que tengo que darte una noticia muy importante. Bueno, pues te dejo este mensaje. Ay, papá, qué dormilón eres. Mira, que __10__. Ayer por la tarde. Se llama Andy, es americano, de aquí de Chicago. Es un profesor de Química de la universidad donde yo __11__. Papá, anda despierta, no me gusta esa máquina tuya. Mira, que queremos que __12__ a vernos porque __13__ es que estoy embarazada. Por fin me salen bien las cosas. ¿Vendrás? Anda, __14__. Bueno, piénsatelo, ¿vale? Te llamo __15__. Ah, y otra cosa, aunque en realidad no tiene tanta importancia, pero para que lo sepas cuanto antes: Andy es... Bueno, __16__ luego. Venga, un beso. ¡Hasta luego!

i	doy clases
j	di que sí
k	ya sé que
l	además
m	te lo cuento
n	me he casado
ñ	más tarde
o	vengas

Si lo has completado bien, puedes responder a la siguiente pregunta:

Pregunta. *En este mensaje se explica con todo detalle los motivos por los que se invita a una persona a una boda.*

    a) *Verdadero*
    b) *Falso*

▶ **Actividades**

En el siguiente ejemplo, tienes que hacer lo mismo pero escuchando el mensaje.

🔘 Escucha una vez la **pista n.° 44** y completa el mensaje.
44

Mensaje 3

Hola, Ricardo. Soy Arantxa. ¿Dónde estás? Es la tercera vez ___17___ y no te encuentro nunca en casa. En fin, ahí va el mensaje: hemos pensado que ___18___ salir después de comer que a primera hora de la mañana, ___19___ sobre las cinco o así, porque aunque a esa hora ___20___ un poco más de calor, ___21___ vamos a encontrar menos tráfico. ¿Qué te parece? Es que he oído en las noticias que las primeras y las últimas horas del día son ___22___. De todas formas, por favor, ___23___ para confirmar todo esto, porque si decidimos salir después, ___24___ llamar al hotel para decir que llegamos más tarde de lo previsto. Además, tenemos que ___25___ todavía qué coche vamos a llevar, si el vuestro o el de Andrea. Vale, pues ___26___ vuestra llamada. Hasta luego.

Si lo has completado bien, puedes responder a la siguiente pregunta:

Pregunta. *Según la grabación, Arantxa necesita saber si Ricardo está de acuerdo en salir de viaje más tarde de lo planeado.*

    a) *Verdadero*
    b) *Falso*

❗ **¡Atención!** Recuerda que en el examen no vas a tener el texto delante, solo las preguntas.

¿Puedes marcar en los textos dónde está la información que necesitas para responder a las preguntas? ¿Por qué son falsas o verdaderas? Escribe aquí tu comentario.

....
....

🎤 **Graba** dos mensajes relacionados con dos de las siguientes situaciones:

- Una madre llama a otra para hablarle de actividades de barrio y proponerle apuntar a los hijos.
- Un chico llama a su pareja para organizar un viaje.
- La consulta de un médico informa de que no va a estar en las próximas semanas.
- Un chico llama para disculparse por no haber llamado antes y explica por qué.
- Un hombre que tiene que salir de viaje llama a una amiga para que le riegue las plantas y le dé de comer al gato.
- Una tienda informa de los horarios de apertura durante los días de fiesta.

❗ **¡Atención!** En el examen no tienes que grabar mensajes. Esta actividad te puede ayudar a entender mejor los mensajes que oigas porque ya has grabado ese tipo de mensajes.

Apéndice 1 ■ Actividades

El Cronómetro ■ Manual de preparación del DELE. Nivel B1

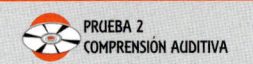

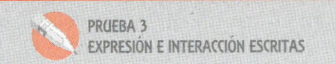

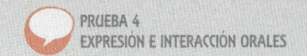

Actividad n.º 7 — Más mensajes de contestador.

Tarea 1.

Sigue las instrucciones que vas a oír y selecciona la respuesta adecuada. Recuerda que en el examen tienes una pregunta con tres opciones. Aquí nos concentramos en identificar si la opción corresponde o no a la grabación.

Escucha dos veces la **pista n.° 45**.

1. En el mensaje, la maestra explica que organizarán el viaje a Extremadura al final del curso.
   a) Verdadero   b) Falso

2. Según la grabación, los niños primero tienen que apuntarse en la secretaría.
   a) Verdadero   b) Falso

3. En la grabación se dice que en la siguiente reunión volverán a tratar el tema.
   a) Verdadero   b) Falso

Escucha dos veces la **pista n.° 46**.

4. Según la grabación, Jorge llama porque hay cambios en los planes del viaje.
   a) Verdadero   b) Falso

5. Según la grabación, la nueva propuesta es más barata que la anterior.
   a) Verdadero   b) Falso

6. Según la grabación, si aceptan esa propuesta, viajarán antes de lo acordado.
   a) Verdadero   b) Falso

Escucha dos veces la **pista n.° 47**.

7. En la grabación se dice que el doctor no podrá atender y habrá un nuevo médico en la consulta.
   a) Verdadero   b) Falso

8. Por lo que dice el texto, la confirmación de la cita se hace automáticamente por Internet.
   a) Verdadero   b) Falso

9. Según la grabación, no se puede ver al médico, dentro del horario, una vez al mes.
   a) Verdadero   b) Falso

Escucha dos veces la **pista n.° 48**.

10. Estrella acaba de volver de Argentina.
    a) Verdadero   b) Falso

11. Sergio es un conocido del padre de Estrella que está en Argentina.
    a) Verdadero   b) Falso

12. Estrella escribe y su hermano pinta.
    a) Verdadero   b) Falso

Actividades

Actividad n.º 8 Un diálogo por partes.

🎯 **Tarea 5.**

En esta parte tienes que escuchar un diálogo y seleccionar unos enunciados. Vas a escuchar diálogos en los que alguien pide información, también puede ser que una persona proponga a otra salir, o que quiera pedir ayuda. Aquí tienes una pequeña lista de posibilidades.

1	Una persona llama a una universidad para pedir información sobre cursos.	6	Una persona que quiere visitar un museo con un grupo de turistas llama para pedir información.
2	Una persona llama a un conocido para proponerle salir al cine.	7	Una persona llama para saber los horarios de trenes.
3	Una persona habla con otra para convencerla de que le acompañe a una discoteca a bailar.	8	Una persona habla con una empleada de una oficina pública para sacarse un carné.
4	Una persona llama a una escuela para preguntar por los horarios y precios de cursos de idioma.	9	Una persona habla con otra sobre los planes que tiene para el próximo año: hacer natación.
5	Una persona que ha sufrido una avería con el coche llama al servicio técnico para pedir ayuda.	10	Un estudiante llama para preguntar por un piso que quiere alquilar junto con otros estudiantes.

Esas situaciones pueden expresarse en estilo formal o en estilo informal. ¿Cuáles crees tú que suelen ser formales y cuáles informales?

⚫ Formales

🔴 Informales

MUY IMPORTANTE ✓ Es importante entender bien las preguntas y respuestas que se hacen durante el diálogo, porque este puede tener más de un tema. En el siguiente ejemplo tienes dos respuestas posibles para cada pregunta de uno de los dos interlocutores. Elige la correcta.

1. ▶ EMPLEADA: Escuela Superior de Economía. ¿Dígame?

    ▶ ESTUDIANTE: Sí, buenos días. Mire, quería matricularme en la Escuela el próximo curso y quería saber cuándo podía hacerlo.

    a) ▶ EMPLEADA: El plazo de matrícula comienza el próximo 15 de mayo y termina el 20 de junio. Habrá una sesión informativa el viernes 12 a las 10 de la mañana en el Aula Magna.

    b) ▶ EMPLEADA: Bueno, el periodo para matricularse no puede alargarse.

2. ▶ ESTUDIANTE: Quería confirmar antes un par de cosas. ¿Es verdad que hay cinco cursos y que son anuales? También me gustaría saber cuántas asignaturas hay cada año.

    a) ▶ EMPLEADA: No, si se matricula en todos tiene un descuento del 10%.

    b) ▶ EMPLEADA: Bueno, no, son seis cursos académicos; los tres primeros cursos académicos tendrá seis asignaturas y a partir del cuarto curso puede elegir su especialidad, con seis asignaturas por curso.

continúa ➔

El Cronómetro ■ Manual de preparación del DELE. Nivel B1

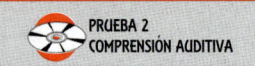

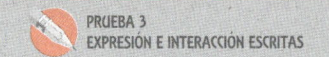

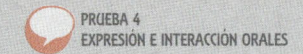

3. ▶ ESTUDIANTE: Y, ¿el precio de la matrícula?

   a) ▶ EMPLEADA: Cuando venga ya le darán un folleto con el plan de estudios, las asignaturas obligatorias y las optativas, los precios, las ayudas económicas, los descuentos, etc.

   b) ▶ EMPLEADA: Lo siento, eso es algo que no debo decirle.

4. ▶ ESTUDIANTE: Y, ¿hay también prácticas en empresas?

   a) ▶ EMPLEADA: En efecto, también ofrecemos ese servicio. Los dos últimos cursos tendrá prácticas tres mañanas a la semana, por eso las clases son solo por la tarde.

   b) ▶ EMPLEADA: No, las empresas no envían a sus trabajadores a nuestra escuela.

   ▶ ESTUDIANTE: ¡Ah, fenomenal! Pues muchísimas gracias, señora.

Escucha la audición y comprueba tu elección.

Escucha dos veces la **pista n.° 49**.

Actividad n.º 9 | Completando un diálogo.

🎯 **Tarea 5.**

Igual que en otros casos, es importante localizar determinados datos. Completa el siguiente diálogo.

Escucha dos veces la **pista n.° 50**.

▶ CARLOS: ¡Qué lata! ¿Qué hacemos hoy? ¿Salimos a dar una vuelta?

▶ MANUELA: ¿Y si vamos al parque?

▶ CARLOS: ¿Al parque? ¿Otra vez? A estas horas debe de estar lleno de gente corriendo, ___1___, con música, humo, uf, no tengo ganas.

▶ MANUELA: Pues a mí me encanta ir al parque. Cuando ___2___ y empieza a pasar toda esa gente, me encanta ___3___ entre unos y otros, imaginarme sus vidas, su trabajo, sus problemas...

▶ CARLOS: Claro, porque eres muy fantasiosa. Pero ya lo hemos hecho muchas veces, también hay que hacer otras cosas, escuchar música... ¿Por qué no vamos a algún concierto?

▶ MANUELA: ¿Por la mañana? ¡Como no sea de música clásica!

▶ CARLOS: ¿Y si vamos a bailar tango? Tú bailas fenomenal.

▶ MANUELA: Pues mira, en esos lugares siempre hay alguien ___4___, y además ponen la música altísima, es casi imposible ___5___. ¿Y sabes ___6___?

▶ CARLOS: ¡Pero si tú ganas un montón! No como yo, siempre con trabajos temporales.

▶ MANUELA: Justamente por eso lo mejor es que vayamos al parque, que es gratis.

▶ CARLOS: ¡Lo tuyo no tiene solución!

▶ Actividades

Relaciona ahora los datos que has escrito con las opciones de las dos preguntas que tienes a continuación:

1. Según la grabación, lo que más le gusta a Manuela del parque es...
    a) que puede jugar al fútbol.
    b) sentarse a ver pasar a la gente.
    c) sentirse diferente mientras pasea.

2. En la grabación se dice que de los conciertos a Manuela no le gusta nada...
    a) tener que pagar entradas de tango tan caras.
    b) pasar por delante de algunas personas.
    c) mantener conversaciones en voz alta.

¿Cuáles son las respuestas correctas? ¿Puedes explicar por qué? Anota aquí tu comentario.
....
....

Actividad n.º 10 Como en el examen.

Tarea 5.

Sigue las instrucciones que vas a oír y selecciona la respuesta adecuada.

🔘 51 Escucha dos veces la **pista n.° 51**.

	A Hombre	B Mujer	C Ninguno de los dos
1. Quiere hacer un curso de inglés que le sirva para el trabajo.	☐	☐	☐
2. Le invita a participar en actividades culturales.	☐	☐	☐
3. Se ofrecen actividades fuera de clase para hablar en inglés.	☐	☐	☐

🔘 52 Escucha dos veces la **pista n.° 52**.

	A Sergio	B María	C Ninguno de los dos
4. Sus planes de futuro ya se los ha contado a sus padres.	☐	☐	☐
5. Va a aprender más inglés para irse a Estados Unidos.	☐	☐	☐
6. Va a aprovechar el tiempo en un curso.	☐	☐	☐

¿Cuál es la dificultad de la tarea del tercer diálogo? Anota aquí tu comentario.
....
....

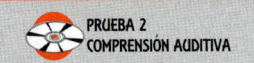

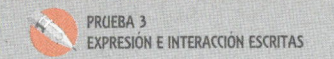

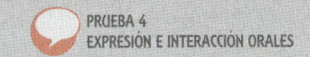

| PRUEBA 1 | PRUEBA 2 | PRUEBA 3 | PRUEBA 4 |
| COMPRENSIÓN DE LECTURA | COMPRENSIÓN AUDITIVA | EXPRESIÓN E INTERACCIÓN ESCRITAS | EXPRESIÓN E INTERACCIÓN ORALES |

Actividad n.º 11 Mensajes incompletos.

Tarea 1.

Antes de continuar, vuelve a la lista de posibles situaciones de la **actividad n.º 5**.

Podemos hacer dos grupos de situaciones: en unas alguien deja un mensaje a una persona concreta, un conocido, un amigo, una madre, un cliente. En otros casos, se da un mensaje general sin un destinatario concreto. Distribuye las situaciones de aquella lista según ese criterio.

Con destinatario **concreto**

Con destinatario **general**

Escucha ahora un mensaje con destinatario general y completa el texto.

🔊 Escucha dos veces la **pista n.° 53**.
53

Mensaje 1

___1___ puede usted comprar los mejores tangos de la historia en una colección exclusiva para todos nuestros clientes. ___2___ selección de tangos, boleros, merengues, al increíble ___3___ de veinte euros, más tres de ___4___, porque se los hacemos llegar directamente a casa. Esta promoción ___5___ adquirirse en tiendas de discos ni grandes almacenes. Para hacerlo, ___6___ algo tan sencillo como una llamada telefónica al 997 887421, y su número ___7___ de cliente. Además, entre todos ___8___ esta estupenda colección sortearemos unos magníficos equipos de sonido y cincuenta discos de música brasileña. ___9___. La mejor colección de música latinoamericana, ahora en su casa. No deje pasar esta ___10___.

Si lo has completado bien, puedes responder a la siguiente pregunta:

Pregunta. Según la grabación, la promoción está dirigida al público en general.
a) Verdadero   b) Falso

¿Qué características pueden tener esos mensajes? Anota aquí al menos cuatro.

1. ....
   ....
2. ....
   ....
3. ....
   ....
4. ....
   ....

Actividad n.º 12 — *Tú* o *usted*.

Tarea 1.

Una de las diferencias entre los mensajes dirigidos a personas concretas, especialmente si se trata de conocidos, y los mensajes sin un destinatario concreto puede ser que unos están redactados en la persona "tú" y otros en "usted". Transforma las siguientes frases en estilo formal.

	informal	formal
1	Estás en buenas manos.	
2	No lo dudes más.	
3	Si quieres abrir un local comercial...	
4	Llámanos.	
5	Te enviaremos las ofertas de cada mes.	
6	En el caso de que no puedas recogerlo...	
7	Estás a su disposición.	
8	Os rogamos que consultéis el plano.	
9	Perdonad las molestias.	
10	Disfrutad de las instalaciones.	

Graba un mensaje relacionado con una de las siguientes situaciones:

- Una empresa informa de una oferta especial que quiere promocionar.
- Una tienda informa de los horarios de apertura durante los días de fiesta.
- La consulta de un médico informa de que no va a estar en las próximas semanas.
- Una escuela de idiomas informa de los horarios de secretaría y las fechas del inicio de los cursos.

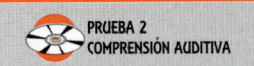

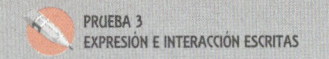

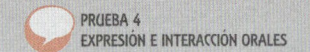

| PRUEBA 1 | PRUEBA 2 | PRUEBA 3 | PRUEBA 4 |
| COMPRENSIÓN DE LECTURA | COMPRENSIÓN AUDITIVA | EXPRESIÓN E INTERACCIÓN ESCRITAS | EXPRESIÓN E INTERACCIÓN ORALES |

Actividad n.º 13 Identificar si una opción es la correcta.

🎯 **Tarea 1.**

Sigue las instrucciones que vas a oír y selecciona la respuesta adecuada. Recuerda que en el examen tienes una pregunta con tres opciones. Aquí nos concentramos en identificar si la opción corresponde o no a la grabación.

🔊 Escucha dos veces la **pista n.° 54**.

1. Según la grabación, la agencia solo compra y vende inmuebles.
   a) Verdadero   b) Falso

2. Según la grabación, las ofertas de esa empresa están exclusivamente en esa zona de la ciudad.
   a) Verdadero   b) Falso

3. Según la grabación, llamando por teléfono se consigue un televisor de pantalla plana.
   a) Verdadero   b) Falso

🔊 Escucha dos veces la **pista n.° 55**.

4. Según la grabación, los alumnos tienen que dejar de hacer lo que están haciendo.
   a) Verdadero   b) Falso

5. Según la grabación, todos los alumnos tienen que ir a ducharse al mismo sitio.
   a) Verdadero   b) Falso

6. Según la grabación, no todos los estudiantes van a regresar al instituto para que sus padres los recojan.
   a) Verdadero   b) Falso

🔊 Escucha dos veces la **pista n.° 56**.

7. En el mensaje se dice que el sector D se va a mantener cerrado una parte del día.
   a) Verdadero   b) Falso

8. En el mensaje se dice que en el sector C se ofrecerá dentro de poco un espectáculo con aves.
   a) Verdadero   b) Falso

9. En el mensaje se dice que los visitantes del parque pueden comer a partir de las dos y media.
   a) Verdadero   b) Falso

Actividad n.º 14 Palabras y temas.

🎯 **Tareas 1, 2, 4 y 5.**

El tema de una audición establece el tipo de vocabulario que necesitas conocer. En la siguiente tabla tienes pequeñas listas de palabras que proceden de diálogos de exámenes anteriores. Relaciona cada una con su tema.

❗ **¡Atención!** No todas las palabras de las listas se refieren al tema correspondiente.

▶ **Actividades**

	Temas		Vocabulario
1	Un estudiante llama para pedir información sobre un piso que está en alquiler.	a	*mensual, trimestral, iniciar, finalizar, elegir, apuntarse, así como, como mínimo, como máximo, asignaturas, folleto, con más detalle, ajustar, inscripción, plazo, tarjeta*
2	Un estudiante llama para pedir información sobre cursos y horarios en una universidad.	b	*servicio de orientación, anuncio, residencia de estudiantes, mesa de estudio, sábanas, mantas, poner conexión a Internet, instalación, en cuanto a, gastos de comunidad, junto con*
3	Un espectador llama para pedir información sobre las películas de un cine.	c	*aburrimiento, dar una vuelta, películas, poner, butaca, títulos, conmigo no cuentes, fenomenal, mantener una conversación, bailar, ahorrar*
4	Dos chicos hablan sobre si ir al cine o a una discoteca.	d	*plazo de matrícula, matricularse, finalizar, asignatura, a partir de, plan de estudios, por supuesto, prácticas en empresas, en cualquier caso, exámenes*
5	Una persona necesita información sobre los cursos que ofrece una escuela.	e	*informar, horario, sesión, para todos los públicos, carné de estudiante, descuento, día del espectador, reducción, entrada, fila, asiento, espectadores*
6	Un conductor pide ayuda por teléfono porque ha tenido una avería con el coche.	f	*condiciones, visita en grupo, visita guiada, guía, gratuito, es que, por supuesto, dividir, realizar, carné/carta*
7	Un profesor de escuela llama para pedir información para hacer una visita a un museo.	g	*sacarse un carné, ventanilla, descuento, válido hasta, fotografía, firma, además, sin embargo, impreso*
8	Un pasajero llama para pedir información sobre horarios de trenes.	h	*atención al cliente, área de descanso, arrancar, matrícula, detallar, avería, circular, velocidad, pararse, empujar, salida, localizar, enviar, tardar*
9	Un estudiante llama para pedir información para hacerse una tarjeta de estudiante.	i	*salida, puente aéreo, llegada, retraso, reserva, descuento, laborales, festivos, despegue, aterrizaje, asiento, menú, página web, nombre de usuario, contraseña, tarjeta de cliente*
10	Un pasajero llama para informarse sobe un vuelo.	j	*informar, hora de salida, llegar, a primera hora, días laborables, salir, descuento, festivos, ida y vuelta, segunda clase, no fumador, RENFE*

Este vocabulario puede aparecer tanto en el diálogo como en las preguntas de las tareas de examen. Observa, además, que algunas palabras se repiten porque las situaciones son muy parecidas.

¿Cómo puedes prever el vocabulario que puede aparecer en el diálogo? Anota tu comentario.

Actividad n.º 15 **Las dificultades de la tarea 5.**

🎯 **Tarea 5.**

¿Cuáles son las principales dificultades de esta tarea? Anota aquí tu comentario.

....

....

❗ Puedes encontrar las claves en la pág. 163.

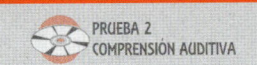

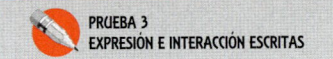

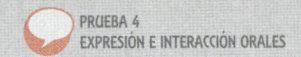

Prueba de Expresión e Interacción escritas

Actividad n.º 1 — El enunciado.

Tarea 1.

En el texto tiene que verse reflejado todo aquello que nos piden en el enunciado del ejercicio (la instrucción). La instrucción tiene dos partes: una situación y unas pautas. A continuación tienes cuatro textos de entrada y cuatro situaciones. Relaciona unos con otras.

1.

SE BUSCA

Nuestro querido gato desapareció el pasado domingo día 23 de mayo en la zona de El Llano. Es negro, de pelo corto y tiene una mancha blanca en el pecho. Es grande y responde al nombre de Mini. Por favor, si lo encuentra, póngase en contacto con nosotros. Nuestro número de teléfono es el 985 39 38. Si no estamos en casa, puede dejarnos un mensaje en el contestador automático. O, si lo prefiere, mándenos un correo electrónico a la siguiente dirección: *nmigato@erestu.com*.

Gracias por su colaboración.

2.

Hola, Ana:
Mi madre acaba de llamar por teléfono. Tienen otra vez un problema con el ordenador y tengo que ir a su casa a solucionarlo. Supongo que después cenaré con ellos y que no volveré hasta las diez de la noche. Por eso no puedo estar en casa para ver la segunda parte del documental sobre África que tanto me interesa. Lo echan esta tarde a las siete y media en el canal de viajes. Dura más o menos una hora. ¿Podrías grabármelo? Tengo una cinta virgen en el armario que está debajo de la tele.
Muchas gracias, te debo un favor.
Un beso, Manuel.

3.

Busco tándem español-inglés.

Soy un chico escocés, de Edimburgo, que ha venido a España a estudiar Historia del Arte.

Tengo 25 años y me interesa muchísimo la cultura y la literatura. He estudiado tres años en una academia de idiomas, pero me gustaría mejorar mis conocimientos de español. Si te interesa practicar tu inglés conmigo, podemos vernos una vez a la semana durante dos horas. Podemos quedar en alguna cafetería del centro de la ciudad. Mi número de teléfono móvil es el 673 32 97. Llámame preferiblemente por las tardes porque por las mañanas estoy en clase.

Nos vemos.

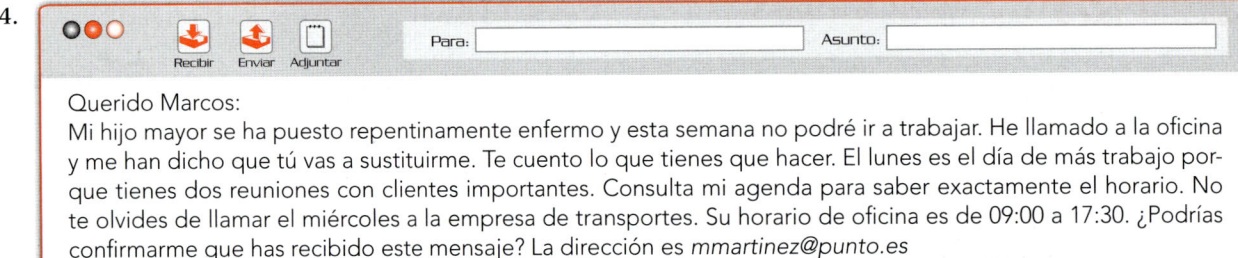

4.

Querido Marcos:
Mi hijo mayor se ha puesto repentinamente enfermo y esta semana no podré ir a trabajar. He llamado a la oficina y me han dicho que tú vas a sustituirme. Te cuento lo que tienes que hacer. El lunes es el día de más trabajo porque tienes dos reuniones con clientes importantes. Consulta mi agenda para saber exactamente el horario. No te olvides de llamar el miércoles a la empresa de transportes. Su horario de oficina es de 09:00 a 17:30. ¿Podrías confirmarme que has recibido este mensaje? La dirección es *mmartinez@punto.es*
Gracias por todo.
Un saludo.

> **Actividades**

a) Por motivos familiares, usted no podrá ir a trabajar la semana que viene. Escríbale un mensaje a su compañero.

b) Usted llega a un país latinoamericano y quiere hacer un intercambio para practicar el idioma. Escriba un anuncio para el tablón de anuncios de una universidad.

c) A usted le ha surgido un imprevisto y no podrá ver en la televisión su programa favorito. Escríbale una nota a su compañero de piso.

d) Su animal doméstico ha desaparecido hace unos días. Escriba un cartel.

En las instrucciones de los ejercicios pueden pedirte, además de saludar y despedirte, lo siguiente:

1. Explicar el motivo por el que escribes la nota (enfermedad de un familiar, viaje, etc.).
2. Describir un objeto, proceso, persona o animal (de un piso, de un concierto, etc.).
3. Proponer o pedir algo (concertar una cita, hacer una reserva, etc.).
4. Señalar tus datos de contacto (dirección de correo electrónico, teléfono, etc.).
5. Contar una anécdota relacionada con el tema.

Obsérvalo para el primer texto.

1. Explicar el motivo por el que escribes la nota (enfermedad de un familiar, viaje, etc.).

> SE BUSCA
> Nuestro querido gato desapareció el pasado domingo día 23 de mayo en la zona de El Llano.

2. Describir un objeto, proceso, persona o animal (de un piso, de un concierto, etc.).

> Es negro, de pelo corto y tiene una mancha blanca en el pecho. Es grande y responde al nombre de Mini.

3. Proponer o pedir algo (concertar una cita, hacer una reserva, etc.).

> Por favor, si lo encuentra, póngase en contacto con nosotros.

4. Señalar tus datos de contacto (dirección de correo electrónico, teléfono, etc.).

> Nuestro número de teléfono es el 985 39 38. Si no estamos en casa, puede dejarnos un mensaje en el contestador automático. O, si lo prefiere, mándenos un correo electrónico a la siguiente dirección: *nmigato@erestu.com*.

Añade a las instrucciones de arriba las siguientes pautas:

¡Atención! Algunas pautas pueden estar en más de una instrucción.

1. indicar el motivo de su ausencia;
2. describir al animal;
3. dar información sobre usted;
4. disculparse;
5. describir el programa;
6. decir la forma de ponerse en contacto con usted;
7. decir cuándo y dónde ha desaparecido;
8. dar la hora de emisión;
9. pedirle que lo comunique al jefe;
10. describir las características del encuentro;
11. explicar sus intereses;
12. pedir que se lo grabe.

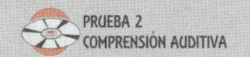

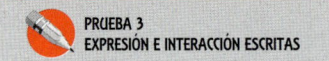

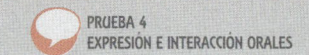

Actividad n.º 2 — El principio y el final de la carta.

Tarea 1.

¿Qué nos piden los enunciados? Hay una relación entre el enunciado del ejercicio y las partes de la carta (el encabezamiento y el cierre de la carta). Relaciona ambas partes.

Encabezamiento y cierre de la carta. Textos

1	*Queridos Bego y Juan:* *Tengo muchas ganas de que vengáis. Os va a encantar la ciudad. Para no perderte tienes que …* *Espero que con estas indicaciones no tengas ningún problema, así que te espero muy pronto.* *Un fuerte abrazo,*
2	*Querido Alberto:* *¿Qué tal estás? Yo, por aquí, muy bien. Acabo de volver de vacaciones y te aseguro que ha sido uno de los viajes más interesantes que he realizado nunca. Me lo he pasado muy bien. ¿Sabes dónde he estado?…* *Escríbeme tú cuando puedas, y cuéntame qué tal tus vacaciones. El próximo año podemos pasarlas juntos.* *Un abrazo* *Elisa*
3	*Querida Lucía:* *¿Qué tal estás? Espero que bien. Este verano he decidido hacer una ruta en bici y he pensado que quizás te apetezca venir conmigo. Te cuento mi plan…* *Espero que te guste mi idea. Me gustaría mucho que pudiéramos hacerlo juntos. Un fuerte abrazo.*
4	*Querido Raúl:* *Llevo una semana aquí y me lo estoy pasando muy bien. ¡Me encanta esto! Te cuento:…* *Da recuerdos a todos y un fuerte abrazo para ti.*

Enunciados. Situaciones

A	Usted quiere hacer una ruta practicando el ciclismo por su país. Quiere ir con un amigo. Invítele y cuéntele sus planes en una carta.
B	Usted ha invitado a unos amigos a pasar unos días en su casa y ellos le han preguntado por la mejor forma de llegar hasta su casa. Escríbales una carta.
C	Usted ha ido a hacer un curso de español a una ciudad de habla hispana. Escriba una carta a un amigo.
D	Usted ha regresado de las mejores vacaciones de su vida. Su mejor amigo espera noticias suyas. Escríbale una carta.

> **Actividades**

Actividad n.º 3 — Redactando instrucciones.

🎯 **Tarea 1.**

En este ejercicio te proponemos que seas por un momento examinador. En el examen no tienes que escribir las instrucciones, pero hacerlo puede ayudarte a hacer mejor la tarea que te piden. Inventa dos instrucciones para estos textos de entrada.

a) Querido Eduardo:

Gracias por cuidarme la casa mientras estoy fuera. Así puedo irme tranquilo. Lo más importante es que saques de vez en cuando las cartas del buzón y que me las dejes sobre la mesa de la cocina. Riégame las plantas del balcón una vez a la semana. Las del interior no necesitan tanta agua, con que las riegues una vez es suficiente. En la nevera te dejo algo de comida; si no la necesitas, puedes tirarla a la basura, pero acuérdate de bajarla luego al contenedor. Y no fumes dentro de casa; ya sabes que me molesta muchísimo el olor del tabaco.

INSTRUCCIÓN

....
....
....
....

b) Busco a una persona responsable, puntual, no fumadora y flexible para cuidar a un niño de ocho años de tres a ocho o nueve de la tarde, de lunes a viernes. Es necesario tener carné de conducir, ya que deberá recoger al niño del colegio. También se ocupará de hacer con él los deberes y de darle la merienda. El honorario es de nueve euros la hora.

Si tiene entre 20 y 45 años y experiencia en el trato con niños, llámeme al 87 34 323 o escríbame un mensaje a la dirección *marlamon@punto.es*.

INSTRUCCIÓN

....
....
....
....

Actividad n.º 4 — El borrador.

🎯 **Tareas 1 y 2.**

Antes de redactar la carta definitiva es recomendable hacer un **borrador**. Puede servirte para concentrarte en lo que te pide el ejercicio y apuntar y organizar todas las ideas que se te ocurran. Puedes seguir este procedimiento:

1.º Leer bien la instrucción, tal y como lo hemos practicado en la tarea 2.

2.º Podremos formular preguntas respecto a esa situación.

3.º Escribir o imaginar las respuestas a esas preguntas.

continúa ➜

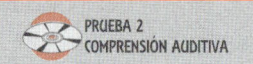

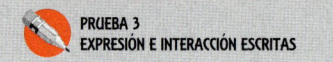

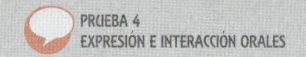

Vas a trabajar sobre el ejemplo n.° 2 de la tarea anterior. Aquí tienes un modelo de borrador:

Información de la instrucción	Preguntas	Ideas
	La experiencia:	
	• ¿dónde he estado?	– en Alicante,
	• ¿con quién he estado?	– con mi novio Daniel
	• ¿cuánto tiempo?	– tres semanas
	• ¿qué he hecho?	– tomar el sol, ir a la playa, ir de excursión, ir en barco, salir por las noches, no parar en todo el tiempo
Unas vacaciones	• ¿qué otras actividades pueden realizarse cuando estás de vacaciones?	– visitar un museo, hacer un curso de español, conocer gente
Una experiencia positiva	**El lugar:**	– tranquilo, soleado, con playa y mar, turístico, barato, agradable
Una experiencia reciente	• ¿dónde está?	– una ciudad pequeña del sur de España, la parte antigua es muy pequeña
Escribir a un amigo	• ¿qué hay?	
Contar la experiencia	• ¿cómo es la gente?	– tiene playa y montaña
	• ¿tiene algo especial?	– la gente es muy simpática
	Valoración de la experiencia:	
	• ¿por qué me ha gustado?	– por la comida
	• ¿qué me ha gustado más?	– el ambiente nocturno
	• ¿me ha pasado algo especial?	– he conocido a un viejo pescador
	• ¿he conocido a alguien interesante?	– etc.
	• ¿por qué es interesante?	
	• ¿volveré a ese sitio?	

¡Atención! Para contestar a estas preguntas puede ser muy útil recurrir a tus experiencias personales.

Actividad n.º 5 — Notas públicas y privadas.

Tarea 1.

En el momento de escribir una nota, es importante establecer a quién va dirigido el texto, quién va a leerlo y en qué contexto será leído. Las notas privadas las escribimos para un compañero de piso o de trabajo, para un amigo o un familiar. Las notas públicas pueden estar dirigidas a personas anónimas, por ejemplo, si las colocamos en un tablón de anuncios o las publicamos en un periódico. Esta distinción es importante para decidir el grado de formalidad o familiaridad del texto. Identifica en las notas anteriores las notas privadas y las públicas.

Observa ahora este ejemplo: necesitas a una persona que cuide de tu hijo mientras trabajas hasta que llegues a casa. Tienes dos opciones: escribir un anuncio para la sección de clasificados de un periódico o escribirle un mensaje a alguien que conoces y que sabes que cuida niños. Ambos textos serán obligatoriamente diferentes. ¿Cuál es privado y cuál público?

▶ Actividades

A.

Busco a una persona responsable, puntual, no fumadora y flexible para cuidar a un niño de seis años de tres a ocho o nueve de la tarde, de lunes a viernes. Es necesario tener carné de conducir, ya que deberá recoger al niño del colegio. También se ocupará de hacer con él los deberes y de darle la merienda. El honorario es de nueve euros la hora.

Si tiene entre 20 y 45 años y experiencia en el trato con niños, llámeme al 87 34 323 o escríbame un mensaje a la dirección marlamon@punto.es.

B.

Querida Carla:

Necesito a alguien que cuide de mi hijo José a partir de las tres de la tarde hasta las ocho o las nueve. Ya ha cumplido seis años y el mes que viene empieza al colegio. Me he acordado de que tú tienes experiencia con niños. Tendrías que recogerlo del colegio en coche, hacer con él los deberes, darle la merienda, etc. He pensado pagar unos 9 euros. Si te interesa llámame cuanto antes al 87 34 323.

Transforma las siguientes frases para adaptarlas al ámbito correspondiente como en el ejemplo anterior.

¡Atención! En el examen no tienes que transformar frases, como en este ejercicio, pero sí saber usar en cada situación frases formales y frases informales.

	Ámbito público	Ámbito privado
1	Se ruega llamar lo antes posible.	Por favor, llámeme en cuanto llegues a casa.
2	Se busca niñera.	
3	Recogida de ropa vieja los domingos tarde.	
4		Te lo vendo todo por diez euros.
5	Cambio de discos antiguos por modernos.	
6		No puedes llevar perros al hotel, recuérdalo.
7	Cerrado por reforma. Disculpen las molestias.	
8		Lo siento, no voy a estar, cerraré la oficina todo el fin de semana. Vuelve el lunes.
9	Se ofrece todo tipo de artículos a precio rebajado.	
10		Jorge, ¿quieres quedarte en mi piso este mes?
11	Se compran entradas para todas las localidades.	
12		Alfredo, he perdido mis llaves, ¿las has visto?
13	Se alquila piso en esta zona.	
14	Se recuerda al vecindario el corte de agua del viernes por la tarde.	

Apéndice 1 ■ Actividades

El Cronómetro ■ Manual de preparación del DELE. Nivel B1   157

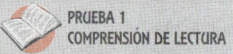

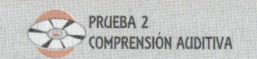

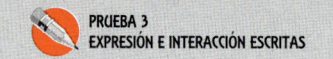

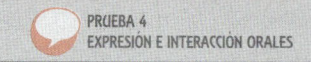

Actividad n.º 6 Intenciones.

Tarea 2.

La tarea 2 pide textos breves con una intención principal que hay que explicar. Es importante identificar esa intención en la instrucción y expresarla claramente en el texto. Aquí tienes ejemplos de algunas intenciones. Relaciónalas con fragmentos de textos breves.

	INTENCIONES		NOTAS
1	Ofrecer cosas	a	¿Podrías grabarme el documental sobre África? Te lo agradecería mucho. Lo echan en la 2 a las 6. Tienes la cinta encima de la tele.
2	Expresar una necesidad	b	A todos los vecinos: esta tarde celebro mi 40 cumpleaños. Quería invitarlos a todos a una copita en el ático a eso de las 8. Los espero.
3	Pedir un favor	c	Necesito urgentemente clases de español. Interesados póngase en contacto con Nicholas Cage de 10:00 a 14:00.
4	Invitar	d	Por cambio de residencia, vendo libros usados en buen estado a dos euros la unidad. Llamar antes de venir.
5	Dar instrucciones	e	El concierto es en el club Jazz. ¿Nos vemos allí el viernes a las cinco? Voy a ir ahora mismo a recoger las entradas. Llámame.
6	Quedar con alguien	f	El lunes tienes que llamar al señor González de la empresa Bacs. Escríbele un mensaje a Luisa para confirmar la reunión del martes.
7	Describir una asociación	g	¿Puedes sustituirme este fin de semana? Es que no voy a poder ir porque se ha puesto enfermo mi hijo mayor. Llámame y te digo qué hay que hacer.
8	Describir personas	h	Tobi es marrón, pequeño, bastante despierto y muy activo. Tiene las orejas blancas y una chapa de identificación en una de ellas. Se ha perdido esta mañana. Si alguien lo ve, por favor, dejen una nota en el buzón del 7b. Es urgente.
9	Describir un animal	i	Llámame al 685 33 04. También puedes escribirme un mensaje a *mmf@bln.com*.
10	Describir un lugar	j	¿Te interesa hacer nuevos amigos? Soy una chica de 27, alta (mido 1,75) y deportista. Me encanta salir y conocer gente. Ponte en contacto conmigo dejando una nota en este tablón y te llamaré.
11	Explicar cómo ponerse en contacto con alguien	k	Buscamos ayudas para niños del Tercer Mundo. Necesitamos material escolar, medicamentos, juguetes. ¡Colabore con nosotros! Los objetos se recogerán el segundo domingo de cada mes en la Plaza Mayor.
12	Pedir una sustitución	l	Alquilo piso de 75 m² con balcón y sin amueblar. El piso está en una zona céntrica y muy bien comunicado. Completamente reformado. Interesados llamar al 678 78 98 76, preferentemente tardes.

Actividades

Actividad n.º 7 El texto.

🎯 **Tarea 1.**

Aquí tienes los ejemplos de la **actividad nº 2.** Intenta escribir cada carta en menos de 15 minutos.

🕐 **Pon el reloj.**

Queridos Bego y Juan:

Tengo muchas ganas de que vengáis. Os va a encantar la ciudad. La mejor forma de llegar es ....
....
....
....
....
....

Espero que con estas indicaciones no tengas ningún problema, así que te espero muy pronto.

Un fuerte abrazo,

● ● ● ● ● 🕐 ¿Cuánto tiempo has tardado? Anótalo aquí: _____ min.

🕐 **Pon el reloj.**

Querida Lucía:

¿Qué tal estás? Espero que bien. Este verano he decidido hacer una ruta en bici y he pensado que quizás te apetezca venir conmigo. Te cuento mi plan: ....
....
....
....
....
....

Espero que te guste mi idea. Me gustaría mucho que pudiéramos hacerlo juntos. Un fuerte abrazo.
Omar

● ● ● ● ● 🕐 ¿Cuánto tiempo has tardado? Anótalo aquí: _____ min.

continúa ➔

🕐 **Pon el reloj.**

Querido Raúl:

Llevo una semana aquí y me estoy pasando muy bien. ¡Me encanta esto! Te cuento: ....
....
....
....
....
....

Da recuerdos a todos y un fuerte abrazo para ti.
Igor

● ● ● ● ● 🕐 ¿Cuánto tiempo has tardado? Anótalo aquí: _____ min.

Actividad n.º 8 Las dificultades de la tarea 5.

🎯 **Tarea 1.**

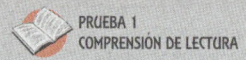

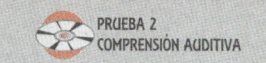

¿Cuáles son las principales dificultades de la tarea 1? Anota aquí tu comentario.
....
....

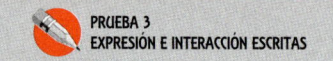

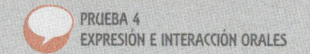

CLAVES

Prueba de Comprensión de lectura

Actividad n.º 1 — Contraste entre el texto y las preguntas.

Pregunta 1. La opción **b** es falsa, pues "continuar viviendo" es lo contrario de "morían". La opción **c** es la correcta porque el fragmento *los 20 días del mes* se refiere a ese mes.

Pregunta 2. La opción **a** (texto: *en las casas se montan los llamados "altares de muertos"*) es falsa porque no se montan en las tumbas sino en las casas. La **b** (texto: *Junto a los retratos de los fallecidos les colocan cosas a modo de ofrenda como platillos de comida...*) es correcta pues *fallecidos* y *muertos* es lo mismo. La **c** (texto: *Hay quienes, además, colocan cuatro velas que indican los cuatro puntos cardinales.*) es falsa porque los cuatro elementos de la naturaleza no son los cuatro puntos cardinales (norte, sur, este y oeste).

Pregunta 3. La opción **a** (texto: *las familias decoran las tumbas con coronas de rosas, girasoles, entre otras, pero principalmente de una flor llamada Cempaxóchitl, o "Flor de muerto"...*) es falsa porque las flores no son los únicos elementos decorativos, "entre otras" significa que no son los únicos. La **b** (texto: *En el caso de que no se pueda visitar la tumba...*) es falsa porque "En el caso de que..." significa solo en esas situaciones. La **c** (texto: *Junto a los retratos de los fallecidos se colocan cosas a modo de ofrenda...*) es correcta porque *difuntos* y *fallecidos* son aquí expresiones equivalente.

Comentario. Las afirmaciones de las preguntas a menudo se redactan utilizando unas estructuras y palabras similares o parecidas, o muy diferentes. A continuación, busca en los textos anteriores las palabras o expresiones necesarias para responder a las preguntas. Márcalo sobre el texto.

Actividad n.º 2 — Palabras clave.

Temas: 1. Origen de una celebración. **2.** Descripción de un deporte. **3.** Orígenes de una tradición.

Palabras y expresiones clave: Fragmento 1. *fallecieron* (lo contrario de *nacer*), *regalo de rosas* (y *no comprar*), *se festeja* (es decir, *se celebra*, es una celebración). **Fragmento 2.** *sigue haciéndose artesanalmente* (es decir, es la manera tradicional, no la manera reciente de fabricarla), *principalmente*, *zona norte*, *por turnos*, *tanto* (es lo mismo que *punto*). **Fragmento 3.** *se remontan a*, *al cabo de un año* (es decir, no fue a finales de ese año, sino en 1847), *se ha convertido*, *emblemática* (aquí es equivalente a *representativa*), *anualmente*, *se realiza*, *algún monumento* (es decir, el monumento cambia cada año).

Soluciones: 1. c; **2.** c; **3.** b.

Actividad n.º 3 — Preguntas y temas.

1. H y D; **2.** C; **3.** A; **4.** B; **6.** E; **7.** I; **8.** G; **9.** F. El tema que no tiene frase es el **5**.

Actividad n.º 4 — Palabras en contexto.

Preguntas: 1. b; **2.** c; **3.** c.

1. b; **2.** c; **3.** a (*b* también es una aceptación correcta de patrón, pero, dentro del texto, *a* es la única válida); **4.** c; **5.** c; **6.** a; **7.** a; **8.** b; **9.** a; **10.** a.

Actividad n.º 5 — Localizando la frase en el texto.

1. Falso. Para el intercambio comercial se utilizaba el fruto, no la bebida hecha a partir de ese fruto. El fruto, no la bebida, llegó a convertirse en moneda y se comercializaba con ella; **2.** Falso. Era una bebida de sabor amargo reservada únicamente al emperador y a los nobles; **3.** Correcto. Para elaborarla, los mayas y los toltecas hervían en agua los granos de cacao molidos y los mezclaban –añadían con harina de maíz y diversas especias; **4.** Falso. Cuando Hernán Cortés llegó a México en 1519, el emperador azteca Montezuma le ofreció chocolate, dándole así el tratamiento debido a una divinidad (ya que era una bebida reservada a los dioses); **5.** Falso. Su llegada a México coincidió con el anunciado regreso cíclico cada 52 años del dios Quetzalcóatl; **6.** Correcto. En cuanto a la introducción del cacao en Europa, algunas fuentes indican que fue el propio Hernán Cortés quien lo llevó a la corte del rey Carlos V de España; **7.** Correcto. La Iglesia prohibió su consumo en conventos en el siglo XVI, pero, posteriormente, consideró que, como bebida, no rompía el ayuno; **8.** Falso. Estos sustituyeron las fuertes especias utilizadas por los indígenas americanos, por miel y azúcar; **9.** Falso. La Iglesia prohibió su consumo en conventos en el siglo XVI, pero, posteriormente, consideró que, como bebida, no rompía el ayuno de los religiosos en las épocas en las que no podían ingerir alimentos.

Actividad n.º 6 — Relaciones entre palabras.

Tabla 1: obra: cartel, imagen, fotografía, ilustración, trabajo, historieta; **técnica:** óleo, acuarela, por ordenador; **formato:** DIN A4, papel, digital; **fecha límite:** plazo; **en equipo:** conjuntamente; **relacionado:** referente a; **presentación:** admisión, entrega; **tema:** temática; **cuartillas:** página; **residente:** con residencia, ≠ de nacionalidad cubana; **canjear:** valorado en, ≠ en metálico; **enviar:** remitir, por correo; **mayor de edad:** edad mínima 18 años; **profesional:** ≠ aficionado

Tabla 2: a buen precio: asequible; **colectivos:** medio de transporte; **gratis:** entrada libre, gratuito, ≠ pagar, costar; **al aire libre:** ≠ en locales; **adaptación:** ≠ versión original; **antigüedades:** objetos de arte antiguos; **comprar:** ≠ vender, **espectáculos artísticos:** conciertos, recitales; **los fines de semana:** sábados, domingos; **modernos:** antiguos.

Actividad n.º 7 — ¿Cuál de las dos?

A. 1. b; **2.** a; **3.** b; **4.** b; **5.** b; **6.** a; **7.** a; **8.** b; **9.** b; **10.** b.

B. 1. b; **2.** b; **3.** a; **4.** b; **5.** b; **6.** a; **7.** b; **8.** b; **9.** a; **10.** b.

C. 1. b; **2.** b; **3.** a; **4.** a; **5.** a; **6.** b; **7.** a; **8.** b; **9.** b; **10.** a.

Actividad n.º 8 — Preposiciones

1. b; **2.** c; **3.** a; **4.** c; **5.** c; **6.** a; **7.** b; **8.** b; **9.** c; **10.** b; **11.** b; **12.** c; **13.** a; **14.** b; **15.** c.

Actividad n.º 9 — Pasados

1. a; **2.** b; **3.** a; **4.** b; **5.** b; **6.** a; **7.** b; **8.** a; **9.** c; **10.** a; **11.** c; **12.** c; **13.** a; **14.** c; **15.** c.

Actividad n.º 10 — Indicativo o subjuntivo

1. b; **2.** c; **3.** a ; **4.** a; **5.** c; **6.** b; **7.** c; **8.** a; **9.** a; **10.** c; **11.** b; **12.** b; **13.** a; **14.** a; **15.** a.

Actividad n.º 11 — ¿Cuál de las dos opciones?

A. 1. b; **2.** b; **3.** b; **4.** a; **5.** b; **6.** b; **7.** b; **8.** a; **9.** a; **10.** a.

B. 1. a; **2.** b; **3.** b; **4.** b; **5.** a; **6.** b; **7.** b; **8.** b; **9.** b; **10.** b.

C. 1. b; **2.** b; **3.** a; **4.** b; **5.** b; **6.** b; **7.** b; **8.** b; **9.** a; **10.** b.

Actividad n.º 12 — ¿Cuál de las tres opciones?

1. b; **2.** a; **3.** b; **4.** c; **5.** b; **6.** a; **7.** b; **8.** a; **9.** c; **10.** a; **11.** c; **12.** b; **13.** a; **14.** b.

Actividad n.º 13 — Completando frases.

1. h; **2.** k; **3.** a; **4.** l; **5.** b; **6.** m; **7.** c; **8.** g; **9.** e; **10.** i; **11.** n; **12.** ñ; **13.** d; **14.** j; **15.** f.

Actividad n.º 14 — Eligiendo el léxico adecuado.

1. b; **2.** c; **3.** a; **4.** b; **5.** c; **6.** a; **7.** c; **8.** c; **9.** b; **10.** a; **11.** c; **12.** a; **13.** b; **14.** b; **15.** a.

Actividad n.º 15 — En busca del intruso.

1. guapo; **2.** vacaciones; **3.** educado; **4.** correr; **5.** roto; **6.** aire; **7.** excursión.

Actividad n.º 16 — Las dificultades de esta tarea.

Naturalmente necesitas activar tu conocimiento de la gramática para seleccionar la opción correcta. Para ello, tienes que entender bien toda la frase (a veces también la frase anterior). Lo más importante, en todo caso, es fijarte mucho en los elementos concretos de la frase en la que está el hueco. Por ejemplo, si se trata de una preposición, hay que mirar si es la preposición de un verbo, como *pensar en*, y no **pensar a*. Así que la principal dificultad de la tarea, además del conocimiento gramatical, es tu capacidad de percepción de elementos concretos.

Prueba de Comprensión auditiva

Actividades n.º 1 y 2 — El ejercicio visto por partes (1 y 2).

1. c; **2.** h; **3.** f; **4.** d; **5.** e; **6.** b; **7.** g; **8.** a; **9.** m; **10.** ll; **11.** ñ; **12.** l; **13.** k; **14.** i; **15.** j; **16.** o; **17.** ñ.

Comentario. Estas no son las únicas situaciones que pueden aparecer. **1.** Pedir opinión; **2.** Pedir información relacionada con el presente; **3.** Pedir permiso; **4.** Expresar deseos más o menos estereotipados.

Posibles lugares. 0a. En un restaurante; **0b.** En una librería; **0c.** En un restaurante, en un centro deportivo; **1a.** En casa, en una tienda de ropa; **1b.** En casa; **1c.** En una editorial, en la redacción de un periódico; **2a.** En la calle; **2b.** En una oficina pública; **2c.** En casa, en la escuela; **3a.** En casa; **3b.** En la calle, a la salida de un lugar público; **3c.** En casa, en una escuela; **4a.** En casa; **4b.** En una estación de tren o de autobuses; **4c.** En clase.

Los temas. 1. b; **2.** l; **3.** a; **4.** h; **5.** d; **6.** e; **7.** g; **8.** c; **9.** i; **10.** j; **11.** f; **12.** m; **13.** k.

Comentario. La verdad es que los tres puedes ser igual de importantes. Las respuestas pueden centrarse en cualquier de esos tres aspectos.

Actividad n.º 3 — Seleccionar partes de la frase.

Frases incompletas: **1.** buen viaje; **2.** vives; **3.** la película; **4.** vestido; **5.** la Plaza Real; **6.** pintar; **7.** el barrio; **8.** el aire; **9.** llave? La mía; **10.** llover; **11.** llámame; **12.** mañana; **13.** Disculpe; **14.** la playa; **15.** voy yo.

Tabla: **1.** a (*el tren* [se viaja en tren, a los bares no]); **2.** b (*este piso* [es donde se vive]); **3.** b (*buena* [femenino y singular]); **4.** a (*en una tienda de moda* [donde se compra un vestido]); **5.** b (*un sitio donde* [en contraste con un objeto]); **6.** a (*artista / afición* [pintar como actividad artística o como afición]); **7.** a (*el mío* [masculino y singular]); **8.** b (*muy fuerte* [la potencia de un aparato]); **9.** b (*gastada* [femenino singular] / *no abre* [la acción propia de una llave]); **10.** a (*el agua* [sinónimo de lluvia]); **11.** a (*número* [de teléfono para llamar]); **12.** b (*los jueves* [en contraste con "mañana"]); **13.** b (*Dígame / quiere* [estilo formal]); **14.** a (*llover* [si llueve normalmente no se va a la playa]); **15.** b (*tú* [en contraste con "yo"]).

Actividad n.º 4 — Reconocer palabras aisladas.

1. fiesta; **2.** disfraces antiguos; **3.** fiesta; **4.** ensayando; **5.** teatro callejero; **6.** mago; **7.** bailarinas; **8.** tarta; **9.** baño; **10.** comedor; **11.** cocina; **12.** al campo; **13.** ir a comer; **14.** exposición; **15.** al cine; **16.** en la tele; **17.** al teatro; **18.** aspirinas; **19.** crema; **20.** de tiritas; **21.** esqueleto de dinosaurio; **22.** un delfín; **23.** un hormiguero.

24. vi; **25.** ¡Qué va!; **26.** eché de menos; **27.** en cambio; **28.** un poco; **29.** ¡Fíjate que no!; **30.** pensé ir; **31.** me invitó; **32.** el sábado; **33.** al día siguiente; **34.** herida; **35.** tanto tiempo; **36.** siempre.

Actividad n.º 5 — Motivos para dejar mensajes.

Situaciones formales: 1, 2, 3, 5, 7, 8, 9, 14, 15, 16, 18.

Situaciones informales: 4, 6, 10, 11, 12, 13, 17.

Actividad n.º 6 Completando mensajes.

Mensaje 1. 1. f; **2.** d; **3.** c; **4.** h; **5.** e; **6.** a; **7.** g; **8.** b. **Pregunta:** b) falso. **Mensaje 2. 9.** k; **10.** n; **11.** i; **12.** o; **13.** l; **14.** j; **15.** ñ; **16.** m. **Pregunta:** a) falso. **Mensaje 3. 17.** que te llamo; **18.** es mejor; **19.** a lo mejor; **20.** hará; **21.** seguramente; **22.** las peores; **23.** llámame; **24.** tenemos que; **25.** decidir; **26.** espero. **Pregunta:** a) verdadero.

Actividad n.º 7 Más mensajes de contestador.

1. b; **2.** b; **3.** a; **4.** a; **5.** a; **6.** b; **7.** b; **8.** b; **9.** a; **10.** b; **11.** a; **12.** a.

Actividad n.º 8 Un diálogo por partes.

Situaciones formales: 1, 4, 5, 6, 7, 8 y 10. **Situaciones informales:** 2, 3 y 9.

Respuestas adecuadas. **1.** b; **2.** b; **3.** a; **4.** a.

Actividad n.º 9 Completando un diálogo.

Pista 15. **1.** jugando al fútbol; **2.** estoy sentada; **3.** ver las diferencias; **4.** que te pisa; **5.** mantener una conversación; **6.** lo que cuesta. **Respuesa correctas. 1.** b, relacionado con *estar sentada* y *ver diferencias entre unos y otros*, es decir, entre unas y otras personas. **2.** a, relacionado con la referencia al precio de las entadas, "lo que cuestan" significa que las entradas son caras.

Actividad n.º 10 Como en el examen.

1. A, **2.** C, **3.** B, **4.** C, **5.** B, **6.** A.

> **Comentario.** En este caso, el orden de as preguntas del cuadro no es el mismo que el de la información en el diálogo. La intervención que corresponde a la pregunta 6 está antes que la que corresponde a la 5. No es probable que suceda en el examen, pero es posible. Es importante saberlo.

Actividad n.º 11 Mensajes incompletos.

Con destinatario concreto: 1, 2, 3, 4, 6, 7, 9, 10, 11, 12, 13, 17, 18. **Con destinatario general:** 5, 8, 14, 15, 16.

Mensaje 1. 1. Por fin; **2.** La mejor; **3.** precio; **4.** gastos de envío; **5.** no puede; **6.** solo necesita; **7.** de tarjeta; **8.** los que compren; **9.** Recuerde; **10.** Oportunidad. La **respuesta** es: b, pues se necesita dar el número de tarjeta de cliente, si alguien no es cliente o no tiene tarjeta, no puede comprar la colección. **Caracterísiticas de ese tipo de textos. 1.** Hay muchos imperativos. **2.** Se suele hablar de usted o de ustedes. **3.** Se dan muchas instrucciones. **4.** Se busca una reacción en la persona que habla a través de recomendaciones, avisos, advertencias, etc.

Actividad n.º 12 Tú o usted.

Estilo formal. **1.** Está en buenas manos. **2.** No lo dude más. **3.** Si quiere abrir un local comercial… **4.** Llámenos. **5.** Le enviaremos las ofertas de cada mes. **6.** En el caso de que no pueda recogerlo… **7.** Están a su disposición. **8.** Les rogamos que consulten el plano. **9.** Perdonen las molestias. **10.** Disfruten de las instalaciones.

Actividad n.º 13 Identificar si una opción es la correcta.

1. b (también se pueden alquilar locales); **2.** a (si es otra zona de la ciudad, le ponen en contacto con otras inmobiliarias); **3.** b (se trata de un sorteo); **4.** a; **5.** b (unos van a las duchas junto a las escaleras); **6.** a; **7.** b (todo el día); **8.** a; **9.** b (esa hora se refiere ala hora a la que comen los animales).

Actividad n.º 14 Palabras y temas.

Temas y vocabulario. **1.** b; **2.** d; **3.** e; **4.** c; **5.** a; **6.** h; **7.** f; **8.** j; **9.** g; **10.** i

Comentario. Para prever el posible vocabulario del diálogo lo que puedes hacer es leer previamente las preguntas, y leerlas con mucha atención. A partir de esa lectura puedes imaginar cosas como la situación, el tema, las personas que hablan, etc. Inténtalo en la siguiente tarea. Antes de poner la grabación, dedica un minuto a leer las preguntas con atención. Es el tiempo de que dispones durante el examen entre el ejercicio 3 y el 4.

Actividad n.º 15 — Las dificultades de esta tarea.

Tres pueden ser las principales dificultades de este ejercicio. Por un lado, identificar palabras concretas. Por otro, interpretar intenciones, además de entender informaciones. Y finalmente, leer y escuchar al mismo tiempo, dificultad que comparte con las otras tares.

Prueba de Expresión e Interacción escritas

Actividad n.º 1 — El enunciado.

Textos e instrucciones. Texto **1.** d; **2.** c; **3.** b; **4.** a.

Texto 2. 1. *Mi madre acaba de llamar por teléfono. Tienen otra vez un problema con el ordenador y tengo que ir a su casa a solucionarlo. Supongo que después cenaré con ellos y que no volveré hasta las diez de la noche. Por eso no puedo estar en casa para ver la segunda parte del documental sobre África que tanto me interesa.* **2.** *Lo echan esta tarde a las siete y media en el canal de viajes. Dura más o menos una hora. Tengo una cinta virgen en el armario que está debajo de la tele.* **3.** *¿Podrías grabármelo?.* **Texto 3. 1.** *Busco tándem español-inglés.* **2.** *Soy un chico escocés, de Edimburgo, que ha venido a España a estudiar Historia del Arte. Tengo 25 años y me interesa muchísimo la cultura y la literatura. He estudiado tres años en una academia de idiomas, pero me gustaría mejorar mis conocimientos de español.* **3.** *Si te interesa practicar tu inglés conmigo, podemos vernos una vez a la semana durante dos horas. Podemos quedar en alguna cafetería del centro de la ciudad.* **4.** *Mi número de teléfono móvil es el 673 32 97. Llámame preferiblemente por las tardes porque por las mañanas estoy en clase.* **Texto 4. 1.** *Mi hijo mayor se ha puesto repentinamente enfermo y esta semana no podré ir a trabajar.* **2.** *Te cuento lo que tienes que hacer. El lunes es el día de más trabajo porque tienes dos reuniones con clientes importantes. Consulta mi agenda para saber exactamente el horario. Su horario de oficina es de 9 a 17:30.* **3.** *No te olvides de llamar el miércoles a la empresa de transportes. ¿Podrías confirmarme que has recibido este mensaje?* **4.** *La dirección es mmartinez@punto.es.*

Pautas. a) 1, 4, 9. b) 3, 6, 10, 11. c) 5, 8, 12. d) 2, 6, 7.

Actividad n.º 2 — El principio y el final de la carta.

1: B; **2**: D; **3**: A; **4**: C.

Actividad n.º 5 — Notas públicas y privadas.

El texto **A** es público y el **B** privado. El segundo se reconoce gráficamente por el encabezamiento (*querido…*), el saludo (*Un beso*) y la firma (*Roberta*).

Notas públicas: **b, c, d, h, j, k, l**. Notas privadas: **a, e, f, g, i**.

Transformaciones (propuestas). **2.** *Hola, Charo, estamos buscando una niñera para esta noche.* **3.** *Querido vecino, recogemos ropa usada por las casas los domingos.* **4.** *Se vende todo tipo de productos a 10 €.* **5.** *José Carlos, si tienes discos modernos y quieres antiguos, te los cambio.* **6.** *Se recuerda a los clientes que no está permitido entrar en el hotel con perros.* **7.** *Teresa, estamos de reformas y no abrimos en todo el día.* **8.** *Cerrado por viaje del responsable, disculpen las molestias.* **9.** *Queridos amigos, lo vendo todo, baratísimo.* **10.** *Se ofrece piso para alquilar durante un mes.* **11.** *Oye, te compro las entradas que tengas.* **12.** *Se han perdido unas llaves, si alguien las encuentra que las deje en recepción.* **13.** *Cary, sé que buscas piso por aquí y sé de uno que está muy bien.* **14.** *Francisco, no te olvides de que van a cortar el agua el viernes por la tarde.*

Actividad n.º 6 Intenciones.

1. d; **2.** c; **3.** a; **4.** b; **5.** f; **6.** e; **7.** k; **8.** j; **9.** h; **10.** l; **11.** i; **12.** g.

❗ Comentario. La intención común a muchas notas es: cómo ponerse en contacto con alguien. Aparece sobre todo en las notas públicas, y en general cuando no hay contacto directo y frecuente con la o las personas. Las frases son las siguientes: *Interesados póngase en contacto con Nicholas Cage de 10:00 a 14:00* (nota c). *Llámame* (nota e). *Llámame y te digo qué hay que hacer* (nota i). *Si alguien lo ve, por favor, dejen una nota en el buzón del 7b* (nota j). *Llámame al 685 33 04. También puedes escribirme un mensaje a mmf@bln.com* (nota k). *...dejando una nota en este tablón y te llamaré* (nota l). *Interesados llamar al 678 78 98 76, preferentemente tardes* (nota n).

Actividad n.º 8 Las dificultades de esta tarea.

Tres pueden ser las principales dificultades de este ejercicio. Por un lado, muchas veces hay que contar una experiencia, y para ello es necesario conocer bien los tiempos del pasado y las expresiones que sirven para relacionar momentos del pasado (hace 3 meses, entonces, después, etc.). Otras veces hay que describir lugares, personas, objetos o situaciones. Por otro lado, hay que escribir de forma ficticia y además de forma que el texto quede insertado en una carta de la que se ofrece el encabezamiento y el cierre. Lo que se escribe debe encajar en ese esquema prefijado. Finalmente, hay que inventar algo.

DELE B1
Contenidos gramaticales
Apéndice 2

❗ ¡Atención! Las principales innovaciones que los autores de *El Cronómetro* hemos detectado en relación con la adecuación del DELE, nivel B1, al *Plan curricular del Instituto Cervantes* se refieren a los siguientes temas de gramática:

- subjuntivo;
- condicional;
- futuro.

Por ahora no hemos detectado otros temas de importancia que haya que trabajar con los candidatos que se presentan al examen a los que los profesores ayudamos a prepararse. A medida que vayamos detectando nuevos cambios los iremos incorporando en estos materiales.

A continuación tienes un resumen de los contenidos gramaticales y funcionales recogidos en el *Plan curricular del Instituto Cervantes*. Hemos marcado con un signo (❗) los contenidos que nos parecen más frecuentes en el DELE, nivel B1. Se trata de una valoración subjetiva y habrá que esperar a que aparezcan unas cuantas convocatorias más antes de afirmarlo con seguridad.

❗ Se recomienda a los profesores consultar el texto completo, en especial en lo relativo a las variedades hispanoamericanas. Los ejemplos que aparecen aquí son los mismos del texto original.

Edinumen — El Cronómetro, manual de preparación del DELE. Nivel B1

1. EL SUSTANTIVO

- Nombres propios con artículo (apellidos, accidentes geográficos, topónimos).
- Sustantivo acotador y su omisión: *Una loncha de queso, una pastilla de jabón, Dos* [latas] *cocacolas, dos* [botellines] *aguas*.
- Nombres epicenos: *la persona, la víctima, el delfín macho/hembra*.
- ❗ Cambio de género asociado a cambio de significado: *árbol/fruto, el manzano/la manzana, el naranjo/la naranja*.
- Sustantivos invariables: el género se sabe por el artículo: *el/la guía, el/la colega, el/la testigo, el/la miembro*.
- Plural: *ganas, facciones, ojeras*. Palabras que terminan en *-ay, -ey, -oy, -uey, -y*, consonante en plural *rey/ reyes, ley/leyes, buey/bueyes*.

2. EL ADJETIVO

- Prefijación en los adjetivos evaluativos o valorativos: *agradable/desagradable, útil/inútil*.
- Anteposición: *buen, mal, gran, mejor, peor, mayor, menor: mayor seguridad*.
- Grados del adjetivo: comparativo, expresiones comparativas de igualdad: *igual de*.
- Superlativo con el prefijo *–ísimo*.

3. EL ARTÍCULO

- Valor asociativo: *Cogió un libro y miró el índice*.
- Segunda mención de carácter discursivo: *Viajaremos a Marruecos. El viaje será en barco*.
- Usos de primera mención: *Dibujó una cara/Dibujó la cara de un niño*.
- Compatibilidad con *otro* y *demás*: *Los otros compañeros*.
- Ausencia de artículo en compuestos sintagmáticos: *silla de ruedas, profesor de universidad, lápiz de labios, libro de reclamaciones*.

4. LOS DEMOSTRATIVOS

- El referente es una oración o enunciado dicho antes: *No pienso eso*.

5. LOS POSESIVOS

- Oposición posesivo tónico con artículo/sin artículo: *Ese bolso es mío/Ese bolso es el mío*.
- Oposición posesivo tónico/átono: *mi amigo, un amigo mío*.
- Sustitución obligatoria del posesivo: *Le cortaron el pelo al cero/*Cortaron su pelo al cero*.
- ❗ Combinación con adjetivo posesivo: *un amigo suyo muy simpático/*un amigo simpático suyo/esos discos míos*.

6. LOS CUANTIFICADORES

- Cuantificadores propios: *cada, varios, algo, alguien, alguno/alguna, nada, nadie, ninguno*.
- Contraste *alguien/alguno*: *ha llamado alguien/ha llamado alguno*.
- En combinación con *más*: *No ha venido nadie más*.
- Comparativos de cantidad: *Cuesta más/menos de 20 euros*.
- Decrecientes o reductores: *un poco, poco, algo*.

- Cuantificadores focales, *solo*: *Solo voy yo.*
- ❗ Estructuras cuantificadas: *La mayoría de los alumnos.*
- Partitivos no intrínsecos: *grupo, un montón de.*

7. EL PRONOMBRE

- Presencia cuando son distintos sujetos: *Él quiere que vayas, pero yo no.*
- Ausencia con referente inespecífico: *Llaman a la puerta.*
- Alternancia de posición (con restricciones) con la mayoría de las perífrasis de infinitivo y de gerundio: *Empiezo a entenderlo/Lo empiezo a entender, Conviene aprenderlo/*Lo conviene aprender, Siento molestarte/*Te siento molestar, Parece entenderlo/*Lo parece entender.*
- Pronombres átonos de OI: *serie me, te, le*. Valor anafórico: *A Luis le doy el libro*. Pronombre OI ante otro clítico de 3.ª persona de OD: *Se lo doy*. Pronombre recíproco: *Se quieren.*
- ❗ Forma *se* en impersonales y pasivas reflejas: *En este restaurante se come bien.*
- ❗ Combinación de los pronombres átonos, OI + OD: *Te las di, Me lo dio*. Pronominalización obligada del OI con la presencia de un átono clítico de OD (con restricciones): *Se lo di a Juan/*Lo di a Juan, Voy a decírselo/Se lo voy a decir/*Le voy a decirlo/*Lo voy a decirle.*
- Pronombres relativos: *que*; oposición *que/quien* (antecedente + humano): *La profesora que tengo/*La profesora quien tengo.*
- Pronombres interrogativos: *qué*; oposición *qué/cuál, quién/quiénes*; con preposición: *¿A quién ves?, ¿Con quién trabajas?*

8. EL ADVERBIO Y LOCUCIONES ADVERBIALES

- De tiempo: *anteriormente, últimamente dentro de dos días, la semana anterior, un día antes, dos días después, nunca, nunca más.*
- De cantidad: *poco/un poco.*
- De acción: *fácilmente, difícilmente, estupendamente.*
- Posición del adverbio (postverbal o final): *Has trabajado mucho hoy/Has trabajado hoy mucho.*
- ❗ Adverbios del modus. Dubitativos: *seguramente, probablemente, posiblemente*. Equivalencia con construcciones impersonales: *Seguramente…* [=Es probable que…]
- ❗ Adverbios conjuntivos: *Era un título corto y además bonito. Fueron todos menos yo.*
- ❗ Adverbios focalizadores: *sobre todo*. Excluyentes: *solo, solamente*. Intensificadores: *totalmente, realmente, verdaderamente.*
- Adverbios relativos *como* + indicativo: *Lo he hecho como dijiste.*
- ❗ Relativo *cuando* con indicativo y subjuntivo: *Me fui cuando llegaron/Me iré cuando lleguen. Allí es donde voy.*
- Relativo interrogativo *adónde*: *¿Adónde vas?/*¿Adónde bailas?*

9. EL VERBO

- Presente gnómico, permanente o general: *Dos y dos son cuatro.*
- Presente de las condicionales con valor actual: *Si lloras [ahora], será porque has hecho algo.*
- Presente de las condicionales con valor de futuro: *Si vienes, te digo un secreto.*

- Pretérito imperfecto. Acción interrumpida o modificada por otro verbo explícito: *Iba por la calle y me encontré con él.*
- ❗ Imperfecto de conato: *Iba a salir cuando sonó el teléfono.*
- Coincidencia con una acción pasada: *Cuando llegué, estaba afeitándose.*
- ❗ Imperfecto de cortesía: *Quería un jersey rojo.*
- ❗ Estilo indirecto con verbos de lengua, habla o comunicación, de percepción física y mental, de pensamiento. Correlación de tiempos y modos: *Dijo que tenía sueño, Pensé que estabas cansado, Vi que te querías ir.*

- Pretérito indefinido. Significado básico: acciones pasadas enmarcadas en momento temporal preciso. Con verbos no perfectivos: *Lo supe.*

- ❗ Futuro imperfecto. Paradigma de los verbos regulares e irregulares.
- Futuro para acciones futuras absolutas: *Iré mañana.*
- ❗ Futuro de probabilidad: *Serán las once.*

- ❗ Condicional simple: Paradigma de los verbos regulares e irregulares.
- Condicional de cortesía: *¿Podría hablar contigo?*
- Condicional de modestia: *Yo diría que eso no era así.*
- Valor de sugerencia con verbos modales (deber, poder): *Deberías acostarte.*
- Pretérito perfecto. Participios irregulares fuertes compuestos: *reabierto, descrito, devuelto.*
- Presencia de dos marcadores, explícito existencial e implícito: *Nunca he estado allí* [en mi vida]/*Nunca estuve allí* [en aquella época].
- ❗ Noción del presente psicológico o presente ampliado aplicado a marcadores como *hace, hace que*: *Hace media hora que se ha ido/Hace media hora que se fue.*

- Pretérito pluscuamperfecto. Conjugación del verbo *haber* en este tiempo.
- Valor general de anterioridad respecto de una acción pasada: *Cuando llegamos ya se había ido.*

- ❗ Presente de subjuntivo. Paradigma de los verbos regulares en las tres conjugaciones.
- Expresiones desiderativas (o para expresar deseos): *Ojalá que tengas suerte, Quiero que vengas.*
- Expresiones de duda: *Quizá/tal vez vaya.*
- En oraciones compuestas por subordinación. Coordenadas de presente y de futuro.
- Estilo indirecto en presente: *Siéntate* [imperativo] > *Dice que me siente* [presente de subjuntivo].
- Construcciones impersonales que suponen juicio valorativo: *Es bueno que estudies.*
- En subordinadas adverbiales temporales introducidas por *antes de que, después de que, cuando* (con valor de futuro): *Me voy antes de que llueva. Llámame después de que hablen con él, Cuando llegues…/*Cuando llegarás…*
- En subordinadas adverbiales finales introducidas con *para que*: *Te lo doy para que lo uses.*

- El imperativo. Forma. Colocación de los pronombres personales (enclíticos): *díselo, decídselo, dámelas, comprémoselas.*
- ❗ Imperativo negativo: coincidencia con el presente de subjuntivo (proclisis de los pronombres): *No te vayas.*

- Valor de ruego o petición: *Perdóname, por favor.*
- Valor de sugerencia o consejo: *Acuéstate pronto.*
- Valor de aceptación, invitación o concesión. Duplicación del imperativo y otros recursos de carácter repetitivo o enfático: *-¿Se puede?, -Sí, claro, pasa, pasa; Come, come, que está muy rico.*
- Valor de orden o mandato: *Sal de aquí ahora mismo.*
- Contextos no estigmatizantes: *Camarero, póngame un cortado.*

- Infinitivo. Colocación de los pronombres personales (enclíticos): *Decírselo.*
- ❗ Infinitivos imperativos con valor generalizador: *No fumar* (en carteles).
- En subordinadas sustantivas, con verbos que seleccionan dos argumentos: *Andar (le) ayuda a adelgazar.*
- En subordinadas interrogativas indirectas: *No sé si ir/No sé qué hacer.*
- Gerundio. Colocación de los pronombres personales (enclíticos): *Hablé con Laura y estuvo contándomelo todo.*
- Valor independiente como respuesta a una pregunta sin preposición: *-¿Qué haces?, -Estudiando.*
- Adjuntos internos: *La cafetería está saliendo a la derecha.*
- ❗ Valor adverbial pospuesto, con valor modal: *Aprende leyendo.*

- Participio. Complemento predicativo, sin complementos: *Me miró satisfecho. Encontré la tienda cerrada.*

10. EL SINTAGMA NOMINAL
- SN con núcleo elíptico: *Mi libro y el de Juan.*
- ❗ Sintagma preposicional con núcleos que expresan posesión inalienable: *la chica de los ojos azules/*la chica de los ojos.*
- Aposición explicativa, separada por comas: *Juan, mi hermano, es ingeniero.*

11. EL SINTAGMA ADJETIVAL
- Complementos adverbiales o locuciones adverbiales: *vacío por dentro.*
- Multiplicadores: *el doble de.*
- Incompatibilidad de los adjetivos elativos y los cuantificadores: *enorme, gigantesco/*muy enorme/*muy gigantesco.*

12. EL SINTAGMA VERBAL
- ❗ Perífrasis de infinitivo: *soler* (modal), *volver* a (reiterativas), *dejar de* (perfectivas), *ponerse a* (ingresivas), *estar a punto de* (incoativas).
- Perífrasis aspectuales de gerundio: *seguir.*
- Verbo *ser*. Construcciones impersonales: *Es de noche. Es tarde.* Construcciones frecuentes con sujeto oracional: *Es una pena que no vengan a la fiesta.*
- ❗ Verbo *estar*. Con el pronombre *lo*: *Lo está.* Profesión eventual (con la preposición de): *Está de telefonista.* Cantidades y precios fluctuantes (con preposición a): *El euro está a…*
- Verbo *parecer*. Valor atributivo: *Los niños parecen cansados.* Con oración subordinada (solo en 3.ª persona de singular): *Parece que los niños están cansados.*
- Concordancia verbo en singular-atributo plural: *Lo que más me gusta son las vacaciones.*

- ❗ – Reduplicación del OI: *Le he regalado un bolso a María.*
- ❗ – El complemento circunstancial es una proposición en indicativo o subjuntivo: *Viene cuando puede/Vendrá cuando pueda.*
- ❗ – Complemento preposicional regido: hablar de él, pensar en problemas.
- – Doble complementación OD + complemento preposicional: *Me invitó a cenar.*

13. LA ORACIÓN SIMPLE

- – Concordancia de los colectivos: *Ese grupo de alumnos de español es muy bueno.*
- – Posposición del sujeto cuando es información nueva: *Esta mañana ha llegado una carta/*Esta mañana una carta ha llegado.*
- – Oraciones dubitativas con indicativo: *A lo mejor viene.*
- – Oraciones recíprocas: *Se quieren mucho.*
- – Oraciones impersonales y pasivas reflejas: *Nieva. Llueve. En este restaurante se come muy bien. Se vende piso* (en carteles).
- – Oraciones desiderativas: *¡Ojalá venga!*

14. ORACIONES COMPUESTAS POR COORDINACIÓN

- – Adversativas con *sin embargo, aunque*.

15. ORACIONES COMPUESTAS POR SUBORDINACIÓN

- ❗ – De infinitivo en función de sujeto: con verbos transitivos que seleccionan dos argumentos (*animar, ayudar, invitar...*); con locuciones que forman predicados psicológicos con OI (*Me da miedo hablar.*); con atributos que seleccionan una oración de infinitivo (*Es malo comer tanto*); con verbos transitivos de valor causativo y sujeto preverbal de significado genérico (*Leer mejora el vocabulario*).
- – De infinitivo en función de OD: con verbos de influencia: *aconsejar, permitir, prohibir*.
- ❗ – Oraciones flexionadas en función de sujeto: con verbos intransitivos de afección (*gustar, encantar, interesar: Me encanta que me llames, Me encanta ir al cine.*); con verbos atributivos (*ser, estar, parecer: Es seguro que lo sabe/Es probable que lo sepa, Es seguro que vino/No es seguro que venga*).
- ❗ – Oraciones flexionadas en función de OD: con verbos de pensamiento (*creer, pensar,...*) en forma afirmativa y negativa (*No creo que tengas razón*); con verbos desiderativos (*querer: Quiero que vengas.*); con verbos de emoción o sentimiento (*sentir: Siento que lo sepas*).

- – Oraciones subordinadas adjetivas o de relativo especificativas o restrictivas, con antecedente expreso. Restricciones: **Juan que vive aquí, *Yo que vivo aquí, *Su libro que leo, *El lugar estaba lejos, que era un problema.*
- – Oraciones subordinadas temporales introducidas por *antes de/antes (de) que: Antes de [yo] salir, [yo] te llamo. Me voy antes de que llueva.*
- – Introducidas por *después de/después de que: Después de [yo] comer, [yo] la llamo. Llegaré después de que empecéis.*
- ❗ – Introducidas por: *al + infinitivo* (*Al llegar, lo vi=Cuando llegué lo vi*); *cuando* secuencial (*Me fui cuando llegó él*) y de simultaneidad (*Llegó cuando yo dormía*); *mientras; hasta que* (*Estuve en casa hasta que llegó/Estaré en casa hasta que llegues*).
- – Movilidad de las temporales: *Cuando llegó, Juan estaba borracho/Cuando Juan llegó estaba borracho/Juan estaba borracho cuando llegó.*

- Interpretación del sujeto nulo de la subordinada: *Cuando llegue [yo/él] llámame. Al llegar [yo, los invitados] llámame.*

- Oraciones subordinadas de lugar introducidas por *donde*: *Allí es donde voy.*
- De modo introducidas por *como*: *Lo he hecho como dijiste.*
- Causales introducidas por: *como* (*Como no venías, empecé a cenar.*); *por* + infinitivo (*Lo hizo así por no saber otra manera*).
- Finales: (*He comprado las pastillas para adelgazar de la farmacia. Es un libro muy útil para estudiar*); complementarias de un verbo o de todo el SV (*Lo uso para fregar los platos. Me he levantado temprano para terminar el trabajo,* **La cuchara sirve/La cuchara sirve para comer, Pastillas para no toser, Tengo ilusión para seguir* [=Tengo ilusión, luego puedo seguir]).
- ❗ Nexos y conectores finales: *para* + infinitivo; *para que* + subjuntivo (*Lo he traído para que lo leas* [ahora / mañana]).
- Contraste de modo en interrogativas y afirmativas: *-¿Para qué es esto? / -Para que estés mejor.*
- Causalidad/finalidad *por/para*: *Llevo gafas para ver mejor/Llevo gafas por mi miopía.*

- Oraciones subordinadas condicionales con presente de indicativo. Incompatibilidad con tiempos futuros (*Si viene Carlota iremos al cine/***Si vendrá Carlota…*). Apódosis en presente o futuro imperfecto de indicativo (*Si tengo tiempo, voy. Si tengo tiempo, iré*). Apódosis en imperativo (*Si puedes, ayúdame*).

- Oraciones consecutivas introducidas por *entonces, o sea que, así (es) que* (valor de consecuencia, *Mañana es sábado, o sea que/así es que no hay clase,* y de deducción, *Así que te gusta bailar*) con indicativo y con imperativo (*No soy tonto, así que háblame normalmente*).

- ❗ Oraciones comparativas de igualdad o equivalencia introducidas por *igual de… que* (invariable) (*Igual de alto que la luna, Igual de bien que antes*); de superioridad introducidas por *más…que* (invariable) (*He comprado más libros que revistas*), introducidas por *el más, menos…de* (*El amigo más fiel de todos*); de inferioridad introducidas por *menos… que* (invariable) (*He comprado menos libros que revistas*).

- Oraciones de cantidad introducidas por: *más…de, menos…de; no más…de, no menos…de.*
- Oraciones concesivas factuales con *aunque* + indicativo: *Aunque me encuentro mal, voy al trabajo.*

HOJA DE RESPUESTAS

Diploma de Español
Hoja de respuestas

Nivel B1

APELLIDO(S)

NOMBRE

PAÍS

CIUDAD

Prueba 1: Comprensión de lectura

TAREA 1
- P.1. Ⓐ Ⓑ Ⓒ Ⓓ Ⓔ Ⓕ Ⓖ Ⓗ Ⓘ Ⓙ
- P.2. Ⓐ Ⓑ Ⓒ Ⓓ Ⓔ Ⓕ Ⓖ Ⓗ Ⓘ Ⓙ
- P.3. Ⓐ Ⓑ Ⓒ Ⓓ Ⓔ Ⓕ Ⓖ Ⓗ Ⓘ Ⓙ
- P.4. Ⓐ Ⓑ Ⓒ Ⓓ Ⓔ Ⓕ Ⓖ Ⓗ Ⓘ Ⓙ
- P.5. Ⓐ Ⓑ Ⓒ Ⓓ Ⓔ Ⓕ Ⓖ Ⓗ Ⓘ Ⓙ
- P.6. Ⓐ Ⓑ Ⓒ Ⓓ Ⓔ Ⓕ Ⓖ Ⓗ Ⓘ Ⓙ

TAREA 2
- P.7. Ⓐ Ⓑ Ⓒ
- P.8. Ⓐ Ⓑ Ⓒ
- P.9. Ⓐ Ⓑ Ⓒ
- P.10. Ⓐ Ⓑ Ⓒ
- P.11. Ⓐ Ⓑ Ⓒ
- P.12. Ⓐ Ⓑ Ⓒ

TAREA 3
- P.13. Ⓐ Ⓑ Ⓒ
- P.14. Ⓐ Ⓑ Ⓒ
- P.15. Ⓐ Ⓑ Ⓒ
- P.16. Ⓐ Ⓑ Ⓒ
- P.17. Ⓐ Ⓑ Ⓒ
- P.18. Ⓐ Ⓑ Ⓒ

TAREA 4
- P.19. Ⓐ Ⓑ Ⓒ Ⓓ Ⓔ Ⓕ Ⓖ Ⓗ
- P.20. Ⓐ Ⓑ Ⓒ Ⓓ Ⓔ Ⓕ Ⓖ Ⓗ
- P.21. Ⓐ Ⓑ Ⓒ Ⓓ Ⓔ Ⓕ Ⓖ Ⓗ
- P.22. Ⓐ Ⓑ Ⓒ Ⓓ Ⓔ Ⓕ Ⓖ Ⓗ
- P.23. Ⓐ Ⓑ Ⓒ Ⓓ Ⓔ Ⓕ Ⓖ Ⓗ
- P.24. Ⓐ Ⓑ Ⓒ Ⓓ Ⓔ Ⓕ Ⓖ Ⓗ

TAREA 5
- P.25. Ⓐ Ⓑ Ⓒ
- P.26. Ⓐ Ⓑ Ⓒ
- P.27. Ⓐ Ⓑ Ⓒ
- P.28. Ⓐ Ⓑ Ⓒ
- P.29. Ⓐ Ⓑ Ⓒ
- P.30. Ⓐ Ⓑ Ⓒ

Prueba 2: Comprensión auditiva

TAREA 1
- P.1. Ⓐ Ⓑ Ⓒ
- P.2. Ⓐ Ⓑ Ⓒ
- P.3. Ⓐ Ⓑ Ⓒ
- P.4. Ⓐ Ⓑ Ⓒ
- P.5. Ⓐ Ⓑ Ⓒ
- P.6. Ⓐ Ⓑ Ⓒ

TAREA 2
- P.7. Ⓐ Ⓑ Ⓒ
- P.8. Ⓐ Ⓑ Ⓒ
- P.9. Ⓐ Ⓑ Ⓒ
- P.10. Ⓐ Ⓑ Ⓒ
- P.11. Ⓐ Ⓑ Ⓒ
- P.12. Ⓐ Ⓑ Ⓒ

TAREA 3
- P.13. Ⓐ Ⓑ Ⓒ
- P.14. Ⓐ Ⓑ Ⓒ
- P.15. Ⓐ Ⓑ Ⓒ
- P.16. Ⓐ Ⓑ Ⓒ
- P.17. Ⓐ Ⓑ Ⓒ
- P.18. Ⓐ Ⓑ Ⓒ

TAREA 4
- P.19. Ⓐ Ⓑ Ⓒ Ⓓ Ⓔ Ⓕ Ⓖ Ⓗ Ⓘ Ⓙ
- P.20. Ⓐ Ⓑ Ⓒ Ⓓ Ⓔ Ⓕ Ⓖ Ⓗ Ⓘ Ⓙ
- P.21. Ⓐ Ⓑ Ⓒ Ⓓ Ⓔ Ⓕ Ⓖ Ⓗ Ⓘ Ⓙ
- P.22. Ⓐ Ⓑ Ⓒ Ⓓ Ⓔ Ⓕ Ⓖ Ⓗ Ⓘ Ⓙ
- P.23. Ⓐ Ⓑ Ⓒ Ⓓ Ⓔ Ⓕ Ⓖ Ⓗ Ⓘ Ⓙ
- P.24. Ⓐ Ⓑ Ⓒ Ⓓ Ⓔ Ⓕ Ⓖ Ⓗ Ⓘ Ⓙ

TAREA 5
- P.25. Ⓐ Ⓑ Ⓒ
- P.26. Ⓐ Ⓑ Ⓒ
- P.27. Ⓐ Ⓑ Ⓒ
- P.28. Ⓐ Ⓑ Ⓒ
- P.29. Ⓐ Ⓑ Ⓒ
- P.30. Ⓐ Ⓑ Ⓒ

**Diploma de Español** Nivel B1

EDI numen

respuestas

APELLIDO(S)

NOMBRE

PAÍS

CIUDAD

Prueba 3: Expresión e Interacción escritas